Flug über Donau und Schwäbische Alb

Flug über Donau und Schwäbische Alb

Fotos von Manfred Grohe
Texte von Harald Schukraft
Deutsch – englisch – französisch

Flight over the Danube and the Swabian Alb

Photographs by Manfred Grohe
Text by Harald Schukraft
German—English—French

Vol au-dessus du Danube et du Jura souabe

Photographies de Manfred Grohe
Textes de Harald Schukraft
En allemand – anglais – français

Silberburg-Verlag

Die flach stehende Herbstsonne lässt das Echaztal im Schatten liegen und wirft die Silhouette von Schloss Lichtenstein an den jenseitigen Talhang. Der Höhenunterschied zwischen dem tief eingeschnittenen Tal und der Albhochfläche wird durch die »Honauer Steige« überwunden. Oberhalb des Lichtensteins sieht man den Traifelberg, ganz am Horizont Kohlstetten. Deutlich zeichnet sich im Herbstwald eine Felsenreihe ab, die aus freigelegten Riffen des Oberen Weißjura bestehen.

The Echaz Valley is cast in shadow by the low-lying autumnal sun, which also creates the silhouette of Lichtenstein Castle upon the opposite slope of the valley.

Le soleil bas d'automne plonge la vallée d'Echaz dans l'ombre et projette la silhouette du château de Lichtenstein sur le coteau.

Flug über Donau und Schwäbische Alb

Nähert man sich von Norden der Schwäbischen Alb, dann erheben sich ihre Berge wie eine 300 bis 400 Meter hohe Mauer eindrucksvoll über das Neckarland. Im Süden dagegen geht die Alb fast unmerklich in die oberschwäbische Moränenlandschaft über. Das vor mehr als 150 Millionen Jahren entstandene Kalkgebirge ist heute eine beliebte Ferienlandschaft. Im Sommer ist die Alb vor allem ein Paradies für Wanderer, aber auch Segelflieger, Kanufahrer und Kletterfreunde finden ideale Bedingungen vor. Im Winter ziehen die stillen und einsamen Hochflächen dann Spaziergänger und Langläufer an.

Im 1015 Meter hohen Lemberg erreicht die Schwäbische Alb ihren höchsten Punkt. Sie liegt als über 200 Kilometer langes und etwa 40 Kilometer breites Mittelgebirge zwischen dem Südschwarzwald und dem Nördlinger Ries. Im Süden hat sich die Donau als von Felsen gesäumtes Durchbruchstal, das zu den schönsten deutschen Flusslandschaften zählt, in die Albhochfläche eingegraben.

Die Schwäbische Alb besitzt aber nicht nur großartige Landschaftsbilder, sie ist auch die Region mit der größten Dichte an Schlössern und Burgen in Deutschland. Besonders am Albtrauf und im Donautal sind sie auf vielen Höhen zu finden. Die Stammsitze von zwei deutschen Kaisergeschlechtern – der Staufer und der Hohenzollern – liegen weithin sichtbar auf Zeugenbergen vor der Hochfläche.

Die teilweise tief in die Schwäbische Alb hinein reichenden Flusstäler haben sich schon früh zu besonderen Siedlungsschwerpunkten entwickelt. Es entstanden malerische Städte und vielerorts findet man Firmen, die wegen ihrer hohen Spezialisierung zu den in der Welt bedeutendsten Unternehmen ihrer Branche gehören.

In früheren Zeiten ein nur schwer überwindbares Verkehrshindernis und wegen des karstigen Untergrunds ein von Wasserarmut geprägter Lebensraum, ist die Schwäbische Alb heute eine Region mit hohem Freizeitwert, deren Schätze es zu entdecken gilt.

Flight over the Danube and the Swabian Alb

Approaching the Swabian Alb from the north, its mountains stand out impressively over the Neckar region like a 300 to 400-metre-high wall. In the south, however, the Alb undergoes gradual almost indiscernible transformation into the moraine topography of Upper Swabia. Formed more than 150 million years ago, these chalky mountains represent a landscape that is highly popular amongst holiday-makers. In summer the Alb is, above all, a paradise for hikers but glider pilots, canoeists and climbers also enjoy ideal conditions; in winter the peaceful and solitary uplands are then absolutely perfect for walks or cross-country skiing.

The highest point of the Swabian Alb is marked by the 1,015-metre-high Lemberg. Lying between the Black Forest and the Nördlingen Ries, these secondary mountains are more than 200 kilometres long and about 40 kilometres wide. To the south the Danube has dug its way into the Alb uplands as a transverse valley, lined with cliffs and rocks and representing one of the most beautiful river landscapes in the whole of Germany.

Not only does the Swabian Alb offer magnificent landscapes, it is also a region that can boast of possessing the greatest number of castles and strongholds in the entire country. They are a particularly common sight upon summits on the Alb cuesta scarp and in the Danube Valley. The ancestral seats of two imperial families—the Staufer and the Hohenzollern—lie prominently on so-called "witness" mountains before the Alb uplands.

The river valleys, some of which run far into the Swabian Alb, developed early on into a focal area for settlement. In time, picturesque towns arose and in many places you will come across companies which, due to their high specialisation, are some of the most important in their field world-wide. In the past a hindrance to traffic to be overcome only with great difficulty and—on account of its karst subsoil—characterised by water shortage, the Swabian Alb is, today, a region exceedingly valuable in terms of leisure and recreational activities, its many treasures awaiting discovery.

Vol au-dessus du Danube et du Jura souabe

Le massif nord du Jura souabe forme une paroi impressionnante de trois à quatre cents mètres de hauteur au-dessus de la vallée du Neckar. Au sud, en revanche, le Jura se fond imperceptiblement dans le paysage de moraines de la Haute Souabe. Ce massif calcaire de plus de 150 millions d'années est aujourd'hui très apprécié par les nombreux vacanciers. L'été, le Jura est un paradis pour les amateurs de randonnées, de vol à voile, de canoë et l'escalace. L'hiver, promeneurs et skieurs de fond savourent la solitude feutrée du lieu.

Le Lemberg (1015 m) est le point culminant du Jura souabe. Cette moyenne montagne longue de 200 kilomètres et large de 40 kilomètres est située entre la Forêt-Noire et le Nördlinger Ries. Au sud, le Danube pénètre les hauts plateaux jurassiens, formant une vallée aux rives échancrées, l'un des plus beaux paysages fluviaux d'Allemagne.

Le Jura souabe offre non seulement de magnifiques paysages mais aussi la plus grande concentration de châteaux et châteaux-forts d'Allemagne, et ce particulièrement sur les hauteurs de l'Albtrauf et dans la vallée du Danube. Deux lignées impériales, les Staufen et les Hohenzollern, sont originaires de cette région ; on aperçoit au loin leurs châteaux sur les montagnes-témoins qui bordent le haut-plateau.

S'enfonçant souvent profondément dans le massif, les vallées fluviales du Jura souabe ont très tôt attiré l'homme qui y a construit des cités. De pittoresques villes y sont nées et dans bon nombre d'entre-elles se sont développées des entreprises hautement spécialisées, de renommée mondiale.

Autrefois région difficile d'accès et sujette à la sécheresse du fait de son sous-sol karstique, le Jura souabe est aujourd'hui un lieu touristique apprécié dont les trésors valent le detour.

Die in der schneebedeckten Landschaft wie ein schwarzes Band erscheinende Breg gilt als eigentlicher Quellfluss der Donau. Sie entspringt bei Furtwangen im Schwarzwald in 1078 Meter Höhe und legt bis zu ihrer Vereinigung mit der Brigach bei Donaueschingen auf 49 Kilometern ein Gefälle von 400 Metern zurück.

The Breg, which appears as a black ribbon in the snow-clad landscape, is considered to be the real source of the Danube. It arises near Furtwangen in the Black Forest and flows a distance of 49 kilometres till it joins the Brigach near Donaueschingen.

La Breg, considérée comme la principale source du Danube, dessine un ruban noir à travers le paysage enneigé. Née à Furtwangen dans la Forêt Noire, elle se jette 49 kilomètres plus loin dans la Brigach, près de Donaueschingen, pour former le Danube.

Der Lauf der teilweise begradigten Brigach ist um sechs Kilometer kürzer als die Breg, auch hat sie nur 250 Höhenmeter Gefälle zu überwinden. Sie entspringt im Schwarzwald im Sankt Georgener Ortsteil Brigach.

The course of the Brigach, which at points has been straightened out, is six kilometres shorter than that of the Breg. It originates in the Black Forest—in a part of Sankt Georgen known as Brigach.

La Brigach mesure six kilomètres de moins que la Breg. Elle prend sa source dans la Forêt Noire, à Brigach, commune associée de Sankt Georgen. Son cours est partiellement rectifié.

In Villingen hat sich das typisch zähringische Stadtbild beispielhaft erhalten. Charakteristisch sind die beiden sich kreuzenden Hauptstraßen und der ovale Grundriss. Die weitgehend erhaltene Stadtmauer und die Grünzone auf den ehemaligen Befestigungsgräben markieren die historische Grenze der Altstadt.

In Villingen the typical Zähringen townscape has been preserved in exemplary fashion. Characteristic features are the two main roads that cross and the oval-shaped outline of the town. The wall, which for the most part is still intact, and the greenery of the former entrenchment mark the historical boundaries in the old part of town.

Villingen a gardé la structure caractéristique de l'époque de la dynastie des Zähringen : un plan ovale et deux rues principales en croix. La vieille ville est délimitée par le mur d'enceinte bien conservé et les anciennes douves tapissées de verdure.

Donaueschingen ist seit dem frühen 18. Jahrhundert die Residenz der Fürsten von Fürstenberg. Der 80 Hektar große Schlosspark im Vordergrund ist als englischer Landschaftsgarten gestaltet, durch den die Brigach hindurchfließt.

Donaueschingen has been the residential seat of the princes of Fürstenberg since the early 18th century. The 80-hectare palace parklands to be seen in the foreground and through which the Brigach flows, are set out in the English landscape garden style.

Depuis le début du 18e siècle, Donaueschingen est la résidence des princes de Fürstenberg. Les 80 hectares du parc à l'anglaise jouxtant le château sont traversés par la Brigach.

Gleich neben der Brücke der Bundesstraße 27 vereinigen sich die beiden Quellflüsse Breg und Brigach zur Donau. Den Reim »Brigach und Breg bringen die Donau zu Weg« kannte früher jedes Kind.

Right next to the bridge on the major road B 27 the headwater streams of the Breg and the Brigach unite to become the Danube.

La Breg et la Brigach se rejoignent pour former le Danube près du pont de la route B 27.

Die Sauschwänzlebahn ist Teil der 1890 eröffneten Wutachtalbahn und hat den Namen nach ihrer verschlungenen Streckenführung. Zwischen Weizen und Blumberg überwindet sie auf einer Distanz von 9,6 Kilometer Luftlinie eine Höhe von 231 Metern. Das Bild zeigt den 24 Meter hohen Biesenbach-Viadukt.

The Sauschwänzlebahn (or Little Pig's Tail Railway) is part of the Wutach Valley Railway that opened in 1890. Between Weizen and Blumberg it climbs over 231 metres in the course of a stretch of 9.6 kilometres, as the crow flies.

La « Sauschwänzlebahn » est un tronçon de la ligne de la vallée de la Wutach. Entre Weizen et Blumberg, elle grimpe de 231 mètres en l'espace de 9,6 kilomètres (à vol d'oiseau).

Rechts oben: Wenige hundert Meter, bevor die Donau im zerklüfteten Untergrund versickert und im Aachtopf wieder austritt, fließt ihr Wasser über das Wehr von Immendingen und unter der nur noch Fußgängern und Radfahrern vorbehaltenen hölzernen Donaubrücke hindurch.

Right above: A few hundred metres before the Danube seeps into the fissured ground and re-emerges in the Aachtopf, its waters flow over the weir at Immendingen and under the wooden footbridge.

A droite en haut : Quelques centaines de mètres avant de disparaître dans le sol crevassé, pour ressortir dans l'Aachtopf, l'eau du Danube passe sur le seuil d'Immendingen et sous le pont de bois désormais réservé aux piétons et aux cyclistes.

Unten: Tuttlingen gilt heute als Weltzentrum der Medizintechnik. Wesentlichen Anteil daran hat die Aesculap AG, die unter anderem Marktführer für chirurgische Instrumente und Implantate ist.

Below: Today Tuttlingen is regarded as a world-renowned centre of medical technology, mostly owing to the presence here of Aesculap AG, which among others, is the leading manufacturer of surgical instruments and implants.

En bas : Tuttlingen est considérée comme un centre mondial de l'ingénierie médicale. Elle doit surtout cette réputation à la S.A. Aesculap, leader sur le marché des instruments chirurgicaux et des implants.

Folgende Doppelseite: Über die breit ausladenden Talmäander der Donau geht der Blick über die Hegaulandschaft und die nebelverhangene Nordschweiz bis zur Alpenkette. Im Vordergrund sieht man Möhringen und am rechten Bildrand Immendingen.

Next double page: From above the wide meanders of the Danube you gain a view over the Hegau landscape and the foggy northern part of Switzerland as far as the Alps. In the foreground Möhringen can be seen and in the right-hand corner, Immendingen.

Double page suivante : Embrassant les larges méandres du Danube, notre regard se porte sur la région de l'Hegau, sur le Nord de la Suisse embrumée, puis sur la chaîne des Alpes. Au premier plan Möhringen et sur la droite Immendingen.

Durch die schräg stehende Wintersonne werden die Schatten der Wacholderbüsche am Nachmittag immer länger. Zuletzt könnte man meinen, kleine und größere Nadelspitzen ragen aus der schneebedeckten Heidelandschaft.

In winter the juniper bushes cast elongated shadows in the oblique rays of the afternoon sun.

En fin d'après-midi, l'ombre des genévriers s'étire sous les rayons obliques du soleil hivernal.

Das 1991 eröffnete Freilichtmuseum in Neuhausen ob Eck vereinigt Gebäude aus der Region zwischen Schwäbischer Alb, Schwarzwald und Bodensee. Etwa 20 Einzelobjekte veranschaulichen das Leben früherer Zeiten außerordentlich wirklichkeitsnah. So befinden sich an dem kleinen Dorfplatz oben am Waldrand neben der aus Tischardt stammenden Dorfkirche auch das 1830 erbaute Schul- und Rathaus aus Bubsheim.

Opened in 1991, the open-air museum in Neuhausen ob Eck has brought together buildings from the region between the Swabian Alb, the Black Forest and Lake Constance. Around 20 highly realistic, individual exhibits effectively illustrate the life of bygone times.

L'écomusée inauguré en 1991 à Neuhausen ob Eck rassemble environ 20 maisons provenant d'une région qui s'étend entre le Jura souabe, la Forêt Noire et le Lac de Constance. Parfaitement reconstituées, ces maisons permettent de s'imaginer la vie d'autrefois.

Folgende Doppelseite: Der ehemalige Flugplatz bei Neuhausen ob Eck ist immer wieder Schauplatz von Open-Air-Festivals. Seit 2002 findet das Southside Open Air regelmäßig im Juni auf dem in 800 Meter Höhe gelegenen Gelände statt. Inzwischen ist das zweitägige Festival, das 2004 über 40 000 Fans angelockt hat, zum unverzichtbaren Höhepunkt im Kalender der nationalen und internationalen Rock- und Pop-Szene geworden.

Next double page: Today the former airfield near Neuhausen ob Eck is often used for open-air festivals: Lying at 800 metres, these grounds are the site of the Southside Open-air Festival that has been taking place here every June since 2002.

Double page suivante : L'ancien aéroport de Neuhausen ob Eck accueille maintenant de nombreux festivals de plein air. Depuis 2002, le Southside Open Air a régulièrement lieu au mois de juin sur ce terrain situé à 800 mètres d'altitude.

Diebels
HOT DOG

Der knapp 1000 Meter hohe Dreifaltigkeitsberg war schon während der Jungsteinzeit bewohnt. Eine Wallfahrt ist seit dem 14. Jahrhundert nachweisbar.
Allerdings entstand die heutige Kirche mit dem charakteristischen Turm erst ab 1660. Links erkennt man vor den Garagen eine Stele, die als trigonometrischer Punkt der Landesvermessung gedient hat.
An klaren Tagen hat man vom Vorplatz der Kirche einen grandiosen Ausblick zum Schwarzwald und zu den Alpen.

The almost thousand-metre-high Dreifaltigkeitsberg was already inhabited as far back as the Neolithic Age.
There is conclusive evidence that it has been a place of pilgrimage since the 14th century. However, the present-day church here, with its characteristic tower, was not built until after 1660. On a clear day, standing at the front of the church, the view of the Black Forest and the Alps is utterly magnificent.

A la période néolithique, la Dreifaltigkeitsberg (environ 1000 m) était déjà habitée.
Depuis le 14e siècle, c'est un lieu de pèlerinage. Mais l'église actuelle et sa tour caractéristique ont été commencées en 1660. Par temps clair, la vue de la place sur la Forêt Noire et les Alpes est grandiose.

Spaichingen gehörte mehr als 400 Jahre zu Vorderösterreich und wurde schon im 18. Jahrhundert durch Spinnereibetriebe zu einem wirtschaftlich wichtigen Standort. Der moderne Marktplatz mit dem 1976 entstandenen Rathaus ist ein bedeutendes Beispiel für die Bauauffassung jener Zeit. Aus der Luft zeigt sich die flächenhafte Versiegelung besonders gut.

For more than 400 years Spaichingen belonged to the Hapsburgs.
In the 18th century it was already an important industrial centre due to town's spinning-mills. Its modern market square with town hall, that was built in 1976, is a good example of the architectural style of the time.

Spaichingen a appartenue pendant plus de 400 ans aux Marches d'Autriche. Dès le 18e siècle, elle devint un important centre économique grâce à ses filatures. La Place du Marché, et la mairie construite en 1976, illustrent bien les conceptions architecturales de cette époque.

Der Segelflugplatz Klippeneck liegt auf 980 Meter Höhe und ist damit der höchstgelegene Deutschlands. Gleichzeitig scheint hier die Sonne an durchschnittlich 1938 Stunden im Jahr, so häufig wie sonst nirgends im Land. Da die hohe Sonnenscheindauer und die zehn Kilometer lange Hangkante des Albtraufs ideal für den Segelflug sind, findet alle zwei Jahre der international bekannte Klippeneck-Segelflugwettbewerb statt, an dem Piloten aus der ganzen Welt teilnehmen.

At an altitude of 980 metres, the gliding field Klippeneck is the highest in Germany. And, what's more, the sun shines here for an average of 1,938 hours per year—which is longer than anywhere else in the country.

Klippeneck est le plus haut aéroclub de vol à voile d'Allemagne (980 m). Par ailleurs, c'est le lieu le plus ensoleillé du pays (en moyenne 1938 heures par an).

Die vor allem durch den Musikinstrumentenbauer Hohner bekannte Industriestadt Trossingen erhielt 1898 einen privaten Eisenbahnanschluss an die nur vier Kilometer entfernte staatliche Bahnstrecke. Von Anfang an elektrifiziert gilt sie heute als weltweit älteste betriebsbereite elektrische Eisenbahn in Normalspur.
Auf dem Bild ist ein Dieseltriebwagen der Hohenzollerischen Landesbahn zu sehen, die den Bahnhof seit 2003 anfährt.
Der Industriekomplex in der Mitte ist Sitz von Efkadruck, einem Hersteller von Verpackungen und Displays aus Karton und Wellpappe.

Above all well known on account of the musical instrument maker Hohner, the industrial town of Trossingen gained its own private railway line in 1898, thus connecting it up to the national railway, only four kilometres away. To be seen in the picture is a diesel engine of the regional Hohenzollern railway, which has been in operation here since 2003.

La ville industrielle de Trossingen, connue principalement grâce aux instruments de musique Hohner, a obtenu en 1898 la construction d'une ligne de chemin de fer privée la raccordant au réseau public tout proche (4 km).
Sur la photo, une locomotive diesel des chemins de fer de Hohenzollern mise en circulation en 2003.

Rottweil, das auf das römische Arae Flaviae zurückgeht, wurde im 12. Jahrhundert planmäßig angelegt. Die zwei sich kreuzenden Hauptstraßen sind aus der Luft deutlich zu erkennen. Der Turm im Vordergrund steht an der höchsten Stelle der Stadt und ist im 13. Jahrhundert als Wacht- und Gefängnisturm entstanden. Rechts darüber ist das Heilig-Kreuz-Münster und rechts des Straßenkreuzes der Kapellenturm zu sehen. Im Hintergrund erblickt man eine Flussschleife des noch jungen Neckars.

Originating in the Roman era Arae Flaviae, Rottweil was planned and built in the 12th century. The two crossroads are clearly visible from above. The yet youthful Neckar meanders in the background.

Rottweil a été construite sur plan régulier au 12e siècle à l'emplacement de l'ancienne ville romaine d'Arae Flaviae.
D'avion, on repère bien les deux rues principales en croix. A l'arrière-plan, un méandre du Neckar.

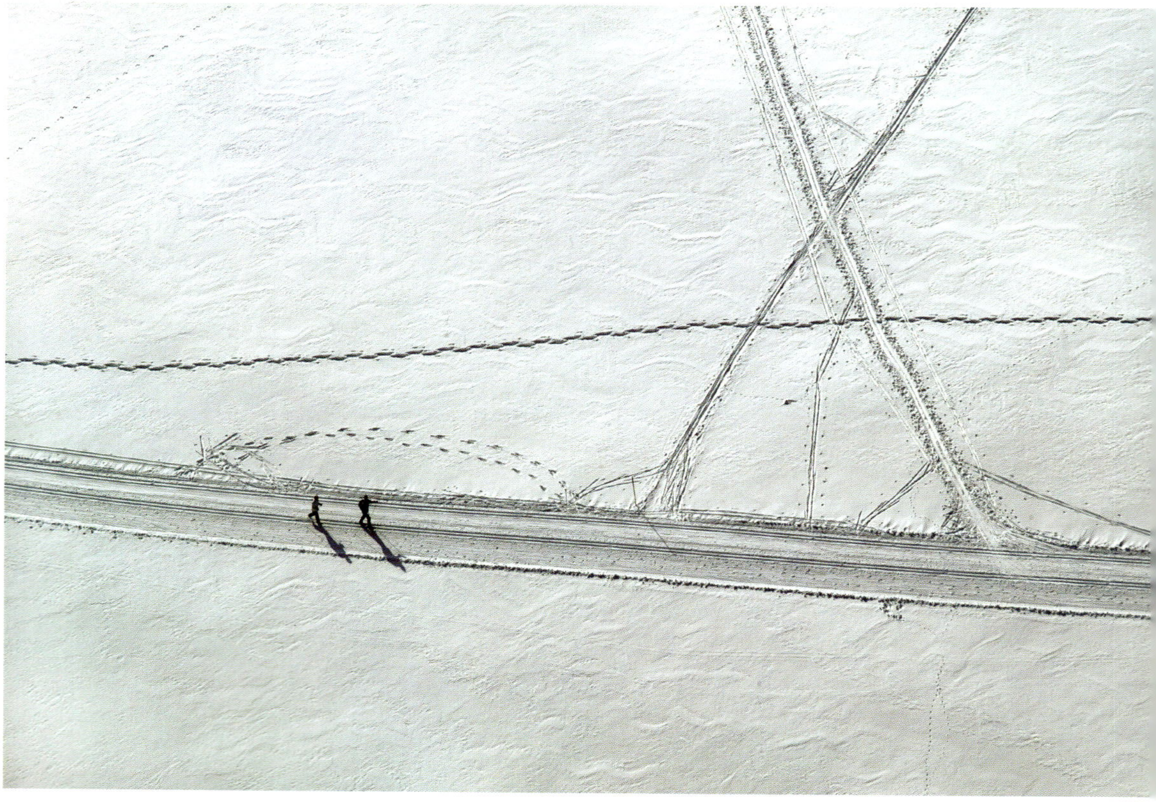

Im Frühjahr, wenn die weiße Pracht langsam schmilzt, gibt der Schnee die Felder wieder frei und zeigt deren Struktur in ungewohnter Deutlichkeit.

In spring, when the magnificent snow slowly melts, the fields throw off their blankets of winter, displaying their patterns with unusual clarity.

Au printemps, le somptueux manteau neigeux commence à fondre dévoilant la structure des champs avec une étonnante précision.

Die schneebedeckte Albhochfläche ist eine ideale Landschaft für Wintersportler. Diese beiden Ski-Langläufer genießen die Sonne und ziehen ihre Bahn in einer Loipe auf der Balinger Alb.

The snow-clad landscape of Alb uplands are ideal for winter sports: These two cross-country skiers are enjoying the sunshine on a loipe on the Balinger Alb.

Les hauteurs enneigées du Jura souabe se prêtent parfaitement aux sports d'hiver. Profitant du soleil, ces deux skieurs de fond tracent leur piste à travers le Jura de Balingen.

Der Fernmeldeturm auf dem 1002 Meter hohen Plettenberg ist eine weithin sichtbare Landmarke. Er ist kein Aussichtsturm, obwohl einige Personen auf der Plattform zu sehen sind. Sie hielten sich beim Vorbeiflug des Fotografen zufällig dort auf.

The telecommunications tower on the 1,002-metre-high Plettenberg is a landmark that is visible from afar. This is not a lookout tower for, although people can be seen on the upper platform.

La tour des télécommunications du Plettenberg (1002 m) se voit de loin. Ce n'est pas une tour panoramique, des personnes se trouvaient par hasard sur la plateforme lors de la photo.

Das 1980 in Albstadt eröffnete »Badkap« gehört zu den beliebtesten Freizeiteinrichtungen der Region. Auch wenn der größte Teil der Außenanlagen im Winter nicht zur Verfügung steht, so laden doch die Innenbecken und die Saunalandschaft in der kalten Jahreszeit zu einem Besuch ein.

Opened in 1980, "Badkap" in Albstadt is one of the most popular recreational centres in the region. Despite the fact that the outdoor facilities remain closed for the most part throughout winter, the indoor pools and sauna rooms are inviting during the cold season.

Inauguré en 1980, le « Badkap » est un des centres de loisir les plus appréciés de la région. Si la plupart des installations extérieures sont fermées l'hiver, les bassins couverts et le sauna continuent à attirer les visiteurs.

Folgende Doppelseite: In den verkehrsgünstigen Tälern der Eyach und der Schmiecha hat sich schon im 16. Jahrhundert Gewerbe entwickelt. Die Schmiecha fließt entlang des so genannten Talgangs durch die Albstädter Teilorte Onstmettingen, Tailfingen und Truchtelfingen nach Ebingen im Vordergrund, wo sie umknickt und sich nach rechts wendet. Albstadt ist 1975 durch den Zusammenschluss von neun Einzelorten gebildet worden und hatte Ende 2004 insgesamt gut 48 000 Einwohner.

Next double page: The community of Albstadt came into being in 1975 when nine towns and villages were mergered and by the end of 2004 it had a total population of 48,000. View over the parts of Albstadt known as Ebingen, Truchtelfingen and Tailfingen—and up the valley towards Onstmettingen.

Double page suivante : Fondée en 1975, la commune d'Albstadt est un regroupement de neuf communes qui comptait plus de 48 000 habitants fin 2004. Vue sur les communes associées d'Ebingen, de Truchtelfingen et de Tailfingen en remontant la vallée vers Onstmettingen.

Der Regenbogen über dem 956 Meter hohen Raichberg beeindruckt durch seine hohe Farbintensität. Das Gipfelgelände wurde 1927/28 vom Schwäbischen Albverein mit dem rechts sichtbaren Wanderheim Nägelehaus und mit dem 22 Meter hohen Aussichtsturm bebaut. Im Zweiten Weltkrieg war das Gelände vom Militär zur Luftüberwachung beschlagnahmt und das Nägelehaus vorübergehend zum Kriegsgefangenenlager umfunktioniert. 1986 wurden Turm und Wanderheim renoviert und den Bedürfnissen der zahlreichen Besucher angepasst.

The rainbow over the 956-metre-high Raichberg is impressive in its colourful intensity. Here, on the top, stands a 22-metre-high observation tower and, visible on the right, the hiker's retreat Nägelehaus—both built by the Swabian Alb Society in 1927/28.

Arc en ciel d'une étonnante intensité sur le Raichberg (956 m) au sommet duquel le Schwäbischer Albverein a fait construire en 1927/28 le gîte d'étape pour randonneurs Nägelehaus (à droite) et une tour panoramique de 22 mètres de haut.

Der Truppenübungsplatz Heuberg bei Stetten am kalten Markt geht auf einen ab 1910 für die badische Armee eingerichteten Übungsplatz zurück. 1933 dienten die Kasernen kurzzeitig als berüchtigtes »Schutzhaftlager« für Gegner der Nationalsozialisten. Seit 1934 wurde das 4790 Hektar große Gelände wieder ausschließlich militärisch genutzt, nach Kriegsende unter anderem von den französischen Truppen. Heute werden hier neben den Soldaten der Bundeswehr auch das Personal von Bundes- grenzschutz, Polizei, Zoll und Technischem Hilfswerk ausgebildet.

The troop training grounds at Heuberg near Stetten am kalten Markt were originally military grounds established for the Baden army from 1910 onwards. Today, soldiers of the Federal Armed Forces as well as the German Border Police, the police, customs officials and members of the engineering emergency services undergo training here.

Le champ de manœuvre de Heuberg près de Stetten am kalten Markt se trouve à l'emplacement d'un terrain d'entraînement aménagé pour l'armée du Bade en 1910. Il sert aujourd'hui aux soldats de la Bundeswehr et à la formation du personnel de protection des frontières, de la police, de la douane et des services techniques.

In typischer Spornlage breitet sich die Altstadt von Mühlheim an der Donau aus. Sie ist in der ersten Hälfte des 13. Jahrhunderts von den Grafen von Zollern planmäßig angelegt worden. 1409 kam die Stadt mit der umgebenden Herrschaft an die Herren von Enzberg, die noch heute im Schloss wohnen. Der stattliche Bau erhielt 1751 durch Giovanni Gaspare Bagnato seine barocke Gestalt.

Situated on a mountain spur, Mühlheim's old town spreads out along the Danube in a fashion typical for its location. It was planned and built in the first half of the 13th century by the counts of Zollern.

La ville de Mühlheim an der Donau, construite sur plan par les comtes de Zollern au cours de la première moitié du 13e siècle, s'élève sur un éperon rocheux.

Geradezu klassisch schlängelt sich das Tal der Donau durch die harten Schichten des Weißen Jura der Schwäbischen Alb nach Nordosten. Im Vordergrund liegt auf einer besonders ausladenden Flussschlinge in klösterlicher Einsamkeit die Benediktinererzabtei Beuron.

Almost in classical, snake-like fashion the Valley of the Danube coils its way through the hard layers of the Upper Jurassic of the Swabian Alb towards the north-east. In the foreground lies, in monastic solitude, the Benedictine abbey of Beuron on a particularly wide loop in the river.

Comme sur une image d'Epinal, la vallée du Danube serpente à travers les strates dures du calcaire jurassique souabe. Au premier plan, dans la courbe d'un large méandre, l'abbaye bénédictine de Beuron plongé dans sa claustrale solitude.

Schloss Bronnen erhebt sich in 788 Meter Höhe auf einem bizarr aufragenden Kalkfelsen über dem an dieser Stelle vom Verkehr völlig unberührten Tal der Donau. Die ursprünglich mittelalterliche Burg wurde im 18. Jahrhundert von Giovanni Gaspare Bagnato als Jagdschloss der Herren von Enzberg im Barockstil umgestaltet und erweitert. Die weithin sichtbare Anlage ist in Privatbesitz und kann nicht besichtigt werden.

Castle Bronnen rises to a height of 788 metres upon a bizarre chalky cliff formation overlooking a section of the Danube Valley that is totally free from traffic. Visible for miles, the castle and its grounds are under private ownership and there is no public access.

Le château de Bronnen (788 m) se dresse sur un étrange roc calcaire au dessus de la vallée du Danube, visible de loin mais à l'écart de la circulation. C'est une propriété privée qui ne se visite pas.

Die hoch über dem Donautal auf einem künstlich abgeschrofften Felsen gelegene Burg Wildenstein ist durch zwei tiefe Halsgräben vom Hochplateau getrennt und war dadurch außerordentlich gut geschützt. Zwischen beiden Gräben sieht man die an den Flanken durch Bastionen befestigte Schildmauer. Burg Wildenstein wurde urkundlich erstmals 1077 genannt, ihr heutiges Erscheinungsbild geht jedoch im Wesentlichen auf das 16. Jahrhundert zurück. Seit 1972 dient sie als Jugendherberge.

Upon an artificially sculpted cliff, high above the Danube Valley, lies Castle Wildenstein, separated from the high plains by two deep and narrow moats, which meant that it was once exceptionally well defended. Since 1972 it has been serving as a youth hostel.

Construit sur un rocher artificiellement escarpé, le château de Wildenstein surplombe la vallée du Danube. Il est séparé du haut plateau par deux douves profondes qui lui assuraient autrefois une solide protection. Depuis 1972, c'est une auberge de jeunesse.

Beim Blick über die Donau in östlicher Richtung fällt zunächst das mächtige Kalksteinmassiv des Schaufelsens ins Auge. Mit 170 Metern senkrechter Höhe ist diese Felswand die höchste des Donautals. Sehr gut kann man direkt hinter dem Schaufelsen eine alte, von der Donau schon lange aufgegebene Flussschleife mit Umlaufberg erkennen. Der Höhenunterschied zwischen dem alten Flussbett und dem heutigen Flusslauf zeigt, dass sich die Donau inzwischen 90 Meter tiefer in das Albgestein eingegraben hat.

Looking over the Danube towards the east, the eye first catches sight of the mighty limestone massif of the Schaufelsen. With a sheer drop of 170 metres this cliff face is the highest in the Danube Valley. Directly behind this vantage point an old, dried up river bend with its cut-off meander spur can be clearly recognised.

Vers l est, au-delà du Danube, notre regard se porte sur un massif calcaire du Schaufelsen et sa paroi rocheuse, la plus imposante de la vallée (170 m). Directement derrière le Schaufelsen, on aperçoit un méandre asséché du Danube et la colline qu'il contournait.

Bei Hausen an der Donau entdeckte der Fotograf diesen ungewöhnlich flächenintensiven Heiratsantrag an Tanja, der nur bei schneebedeckter Landschaft sichtbar ist.

Near Hausen, on the Danube, the photographer chanced upon this unusually large-scale marriage proposal for Tanja, which is only visible when the landscape is covered in snow.

Près de Hausen an der Donau, le photographe a découvert dans la neige cette insolite et immense demande en mariage à Tanja.

Nur wenig flussaufwärts von Inzigkofen zweigt von der Donautalbahn die Strecke nach Albstadt ab. Rechts auf dem Felsen liegen die Reste der Burg Gebrochen Gutenstein. Die Lage der Ruine ist so kühn, dass sie nur von Kletterern erreicht werden kann. Im Hintergrund sieht man den kleinen Ort Dietfurth mit Burgfelsen und Donaubrücke.

Just a little way up the river from Inzigkofen the Danube Valley railway branches out to Albstadt. Upon the rocks to the right lie ruins of the stronghold Gebrochen Gutenstein. In the background you can see the little village of Dietfurth with its castle rock and bridge over the Danube.

Légèrement en amont d'Inzigkofen, la ligne de chemin de fer de la vallée du Danube bifurque vers Albstadt. Sur le rocher, à droite, les ruines du château Gebrochen Gutenstein et, plus au fond, le village de Dietfurth, son château et le pont sur le Danube.

Das im 14. Jahrhundert gegründete Augustinerchorfrauenstift Inzigkofen ist trotz seiner Aufhebung 1803 noch in seiner ganzen Ursprünglichkeit erhalten. Die um einen Hof gruppierte dreiflügelige Klausur der Nonnen gilt als einer der ersten großen Neubauten nach dem Dreißigjährigen Krieg. Das zur Donau hin abfallende Gelände wurde zu Beginn des 19. Jahrhunderts als romantischer Landschaftspark gestaltet. Der Amalienfelsen am rechten Donauufer ist deutlich sichtbar.

Founded in the 14th century, the house of the Augustinian nuns at Inzigkofen has still remained fully intact despite the dissolution of the order in 1803. At the beginning of the 19th century the grounds sloping down to the Danube were turned into romantic landscape gardens. The Amalienfelsen on the right bank of the Danube is clearly visible.

Le couvent des chanoinesses augustines d'Inzigkofen, fondé au 14e siècle, a gardé son aspect d'origine, malgré la dissolution de l'ordre en 1803. Le parc paysager qui descend vers le Danube a été aménagé au début du 19e siècle dans un style romantique. A la rive droite du Danube, on voit très bien l'Amalienfelsen.

Folgende Doppelseite: Eindrucksvoll erhebt sich das Schloss von Sigmaringen am höchsten Punkt der Altstadt. Schon im 11. Jahrhundert auf dem über der Donau aufragenden Felsen errichtet, kam die Burg 1535 in den Besitz der Hohenzollern. Die vor dem Schloss sichtbare katholische Stadtpfarrkirche besitzt eine bemerkenswerte Rokoko-Innenausstattung.

Next double page: The castle stands out impressively at the highest point of Sigmaringen's old part of town. Erected in the 11th century on a rock overlooking the Danube, the castle came into the possession of the Hohenzollern in 1535.

Double page suivante : Impressionnant, le château de Sigmaringen se dresse sur le point culminant de la ville. Construit au 11e siècle sur une falaise surplombant le Danube, il passa aux mains des Hohenzollern en 1535.

Eine archäologische Fundstätte von europäischem Rang liegt auf der Heuneburg bei Hundersingen. Das über der Donau aufragende Plateau zeichnet sich markant gegen die Umgebung ab. Seit 1950 fanden Ausgrabungen statt, die ergaben, dass während der Hallstattzeit im 6. und 5. Jahrhundert vor Christus die Bewohner über weitreichende Beziehungen bis in die Mittelmeerregion verfügt haben. Inzwischen wurden Teile einer für diese Zeit einzigartigen Lehmmauer und einige Häuser als Freilichtmuseum rekonstruiert.

The site of an archaeological find of European significance is located on the Heuneburg near Hundersingen. The plateau, extending out over the Danube, stands out clearly against the surrounding area. In the meanwhile, parts of a mud-wall unique to the Hallstatt period, and a few buildings have been reconstructed as exhibits in an open-air museum here.

Sur le Heuneburg, près d'Hundersingen, se trouve un site archéologique de renommée européenne. Le plateau situé au-dessus du Danube, se détache des environs. On y a reconstruit quelques maisons et des parties d'un mur d'argile unique de la période d'Hallstatt pour un écomusée.

Rechts oben: Im Tal der Lauchert liegt Hettingen mit seinem von den Grafen von Veringen gegründeten Schloss. An die einstige Burganlage erinnern neben der hoch aufragenden Schildmauer die beiden rechts und links vom Talgrund hinaufführenden Mauern.

Right above: In the Lauchert Valley lies Hettingen with its castle that was founded by the counts of Veringen. Along with the high Schildmauer wall, the walls rising from either side of the valley floor are reminders of the castle that once existed here.

A droite en haut : Dans la vallée de la Lauchert, la ville d'Hettingen et le château des ducs de Veringen. Des fortifications d'origine, il reste le rempart et les deux murs montant de la vallée à droite et à gauche.

Unten: Schloss Scheer besteht aus einem ungewöhnlich verschachtelten Gebäudeensemble, das die mittelalterlichen Ursprünge nicht verbergen kann. Die drei Einzelhäuser mit Staffelgiebel stammen aus dem späten 15. Jahrhundert. Das Torhaus rechts ist barock.

Below: Castle Scheer consists of an unusual closely inter-linked ensemble of buildings that cannot deny their mediaeval origins.

En bas : Le château de Scheer à l'architecture alambiquée ne peut renier ses origines moyenâgeuses.

Bei Bronnen fließt die Lauchert wegen ihres geringen Gefälles in natürlichen Mäandern südwärts. Ihre Schlingen nehmen fast den gesamten Talgrund ein, der auf der einen Seite von der Bundesstraße 313 und auf der anderen von der nur noch selten befahrenen Bahnlinie Münsingen–Gammertingen begrenzt wird. Beide Bilder zeigen denselben Flussabschnitt.

Near Bronnen the Lauchert flows southwards in natural meanders on account of the river's small falling gradient. Its bends and curves take up almost the entire valley floor, which is enclosed on the one side by the main trunk road B 313 and on the other, by the infrequently used Münsingen—Gammertingen railway line. The two photos show the same section of the river.

Près de Bronnen, la Lauchert a peu de pente et s'écoule décrivant des méandres vers le sud qui occupent presque tout le fond de la vallée. Cette dernière est longée d'un côté par la B 313, et de l'autre par la voie ferrée peu fréquentée : Münsingen–Gammertingen. Les deux prises de vue concernent le même tronçon de rivière.

Das ehemalige Benediktinerinnenkloster Mariaberg stammt aus dem 13. Jahrhundert. Seit 1847 sind hier die »Mariaberger Heime« untergebracht, die älteste Einrichtung für geistig Behinderte in Deutschland.

The former Benedictine monastery Mariaberg dates back to the 13th century. Accommodated within its walls since 1847, the institution for the mentally disabled known as the "Mariaberger Heime" is the oldest in the whole of Germany.

Mariaberg, un ancien couvent des Bénédictines, date du 13e siècle. Il abrite depuis 1847 les « Mariaberger Heime », la première institution d'Allemagne pour handicapés mentaux.

Zwischen Gammertingen und Hettingen liegt im Laucherttal diese 17 Becken umfassende Fischzuchtanlage. Sie ist im engen Talgrund zwischen der Bundesstraße 32 und der Eisenbahnlinie eingezwängt.

In the Lauchert Valley between Gammertingen and Hettingen lies this fish farm, comprising of 17 basins. The farm is cramped in between the B 32 and the railway line on the bottom of the narrow valley.

Entre Gammertingen et Hettingen, cette exploitation piscicole compte 17 bassins nichés dans l'étroite vallée de la Lauchert. Celle-ci est bordée par la route B 32 et la voie ferrée.

Die ausgeprägten Schlingen des Fehlatals zeigen, dass das Flüsschen in früheren Zeiten viel wasserreicher gewesen sein muss. Später dann, als Wassermenge und Fließgeschwindigkeit abnahmen, wurde auf dem Talgrund wieder Sediment abgelagert und die Fehla konnte in den breiten Wiesenauen bequem mäandrieren.

The distinct bends in the Fehla Valley show that the little river must once have had more water in it.

Les méandres très marqués de la vallée de la Fehla prouvent que ce petit cours d'eau a dû être plus important autrefois.

Ähnlich wie der Mont-Saint-Michel an der französischen Kanalküste aus dem Wasser, ragt die Burg Hohenzollern aus dem riesigen Nebelmeer. Die tiefer liegenden Gäuflächen und das Neckartal sind unter dem Nebel verborgen. Ganz im Hintergrund ragen die Höhen des Schwarzwalds in den Himmel.

Similarly to the way in which Mount Saint-Michel rises out of the water on the French Channel coast, Hohenzollern Castle protrudes out of a sea of fog.

Le château d'Hohenzollern émerge d'une mer de brouillard, comme le Mont St Michel semble surgir de la Manche.

Nachdem die mittelalterliche Stammburg der Hohenzollern im 18. Jahrhundert immer mehr verfallen war, ist die heutige Burg ab 1846 im Auftrag des preußischen Königs Friedrich Wilhelm IV. durch Friedrich August Stüler neu erbaut worden. Einzig die Michaelskapelle wurde vom Vorgängerbau übernommen. Der als Landmarke weithin sichtbare Hohenzollern gilt als eines der bedeutendsten Beispiele neugotischer Burgenarchitektur in Europa.

In the course of the 18th century the mediaeval ancestral residence of the Hohenzollern gradually fell to ruins. Commissioned by the Prussian king Friedrich Wilhelm IV, the present-day castle at this location was built by Friedrich August Stüler in 1846. The only part of the original building to have been retained was the chapel Michaelskapelle.

Le château féodal des Hohenzollern qui tombait en ruine au 18e siècle fut totalement reconstruit à partir de 1846 par Friedrich August Stüler, sur ordre du roi de Prusse Frédéric-Guillaume IV. Seule la Michaelkapelle a été conservée.

Die Villa Rustica in Stein bei Hechingen wurde 1973 zufällig entdeckt und später eingehend archäologisch untersucht. Durch die Rekonstruktion einzelner Bauteile ist ein Freilichtmuseum entstanden, das die Lebensbedingungen der Menschen zur Römerzeit im 2. und 3. Jahrhundert auf vielfältige Weise verdeutlicht. Auf dem Bild ist ein weiterer Bauteil in Rekonstruktion zu sehen, in dem ab 2006 die archäologischen Fundstücke präsentiert werden.

The villa rustica in Stein near Hechingen was discovered by chance in 1973 and later underwent thorough archaeological investigation. The reconstruction of individual sections has given rise to a highly diverse open-air museum that serves to illustrate the living conditions of the Romans in the 2nd and 3rd century.

Découverte par hasard en 1973 à Stein près d'Hechingen, la Villa Rustica a été l'objet de fouilles archéologiques approfondies. Sa reconstruction partielle a été entreprise pour abriter un écomusée exposant de multiples aspects de la vie quotidienne au temps de l'Empire Romain, aux 2e et 3e siècles.

Das westlich von Hechingen gelegene Lustschloss Lindich wurde im Auftrag des Fürsten Friedrich Ludwig von Hohenzollern-Hechingen bis 1743 fertig gestellt. Ursprünglich gingen vom Schloss acht sternförmig angeordnete Alleen aus und die Umgebung war als barocker Garten gestaltet. Obwoh davon nicht mehr viel erhalten ist, strahlt die Gesamtanlage mit den sechs Kavaliershäusern noch immer den Geist des 18. Jahrhunderts aus.

Prince Friedrich Ludwig of Hohenzollern-Hechingen had his summer residence Lindich built and completed by the year 1743. From the castle, that was situated to the west of Hechingen, eight avenues originally branched out in star-like formation and the garders, themselves, were landscaped in the style of the baroque.

Commandé par le comte Friedrich Ludwig von Hohenzollern-Hechingen, le château de plaisance de Lindich, à l'ouest d'Hechingen, fut terminé en 1743. A l'origine, huit allées partaient en étoile du château à travers un jardin baroque.

Der Kornbühl ragt gut 100 Meter über seine Umgebung hinaus und ist ein stehen gebliebener Rest eines besonders harten Kalksteins. Von Ackerland umgeben, thront auf dem höchsten Punkt 886 Meter über dem Meer die Salmendinger Kapelle. Der weithin sichtbare Bau wurde um 1507 gestiftet und ist der heiligen Anna geweiht.

The Kornbühl protrudes a good hundred metres out of the landscape and represents the remains of the Upper Jurassic delta, a particularly hard limestone. Surrounded by arable land, Salmendingen Chapel reigns from the highest point—from 886 metres above sea level.

Le Kornbühl est un vestige du Jura blanc, en calcaire particulièrement dur, qui domine les alentours de plus de 100 mètres. Entourée de champs, la chapelle de Salmendingen culmine à 886 mètres au dessus du niveau de la mer.

Die nahe des Hohenzollern gelegene Wallfahrtskirche Mariazell war im Mittelalter der Mittelpunkt eines Dorfes mit Burg und der Sitz einer größeren Pfarrei. Wohl im 15. Jahrhundert wurde die Siedlung aufgegeben. Der Friedhof um die 1757 erweiterte Wallfahrtskirche wird bis heute benutzt. Die einsame Lage im Wald übt auf die Besucher einen ganz besonderen Reiz aus.

Near the Hohenzollern lies the Mariazell church of pilgrimage which, in mediaeval times, represented the centre of a parochial village that also had a castle. The church was extended 1757 and its cemetery is still in use today.

Près du Hohenzollern, l'église de pèlerinage Mariazell était au Moyen-Âge le siège d'une paroisse importante, et le centre d'un village possédant un château. L'église fut agrandie en 1757 et son cimetière est encore utilisé.

Folgende Doppelseite: Über der noch herbstlich gefärbten Zollernalb liegt der erste Hauch von Schnee. Wie in einer dramatischen Inszenierung brechen die Sonnenstrahlen aus dunklen Wolken hervor und verdecken teilweise die fast bedrohlich wirkenden Bergrücken.

Next double page: The first traces of snow lie upon the Zollernalb that still displays its autumnal colours. As if dramatically staged, the sun's rays break through the dark clouds, partially veiling the mountain ridges that rise almost threateningly.

Double page suivante : Un premier voile de neige couvre le Jura de Zollern aux couleurs encore automnales. Comme dans une mise en scène dramatique, les rayons du soleil percent les noirs nuages et couvrent presque les arêtes menaçantes des massifs montagneux.

Der Filsenberg südlich von Öschingen ist schon beinahe zu einem isoliert stehenden Zeugenberg geworden. Seine links im Bild sichtbare Verbindung zur Albfläche ist nur noch recht schmal. Der markanteste Punkt ist der 797 Meter hohe Meisenbühl im Vordergrund.

Standing in isolation to the south of Öschingen, the Filsenberg has almost become a so-called "Zeugenberg". Its connection to the Alb that is visible to the left, is only very narrow. The most prominent point is the 797-metre-high Meisenbühl, to be seen in the foreground.

Au sud d'Öschingen, le Filsenberg est une montagne témoin presque isolée dont les attaches au Jura souabe, sur la gauche de la photo, sont très érodées. Le point culminant est le Meisenbühl (797 m) ici au premier plan.

In der Abendsonne zeichnet der Ballon einen langen Schatten auf die Feldflur der Alb bei Öschingen.

In the evening sunlight the balloon casts its long shadow upon the fields of the Alb near Öschingen.

Près d'Öschingen, l'ombre allongée d'un ballon sur les champs du Jura, dans la lumière du soir

Folgende Doppelseite: Der Mädlesfels am Übersberg bei Pfullingen ist Teil des Albtraufs und 774 Meter hoch gelegen. Er ist sagenumwoben und bereits 1521 erstmals als »Metlinstein« urkundlich erwähnt.

Next double page: At a height of 774 metres the Mädlesfels at Übersberg near Pfullingen is part of the cuesta scarp of the Swabian Alb. Many a tale has been spun around it and it has found mention as "Metlinstein" in documents dating as far back as 1521.

Double page suivante : Près de l'Übersberg et Pfullingen se trouve le Mädlesfels (774 m) qui fait partie du massif de l'Albtrauf. Mentionné pour la première fois en 1521 sous le nom de « Metlinstein », c'est un lieu entouré de légendes.

Die ehemalige württembergische Residenzstadt Tübingen besitzt eines der geschlossensten historischen Stadtbilder Deutschlands. Über der Altstadt thront das vierflügelige Schloss. Am rechten Bildrand erkennt man die gotische Stiftskirche, darüber den Marktplatz mit dem Rathaus. Eine botanische Rarität stellt die deutlich erkennbare, fast 200 Jahre alte Platanenallee auf der Neckarinsel dar.

The former Württemberg residential town of Tübingen possesses one of the most intact historical townscapes in the whole of Germany. Reigning high over the old part of town, stands its four-winged castle. In the right-hand corner of the picture the Gothic collegiate church can be recognised and above it, the market square with its town hall.

Tübingen, ancienne résidence des souverains du Wurtemberg, possède l'un des centres historiques les plus denses et les plus complets d'Allemagne. Le château avec ses quatre ailes trône au dessus de la vieille ville. Sur la droite, on reconnaît la collégiale gothique et plus haut la place du marché, avec la mairie.

Der 869 Meter hohe Rossberg ist von einer malerisch-bewegten Landschaft umgeben. Sein 1913 vom Schwäbischen Albverein errichteter Gussbetonturm ist 28 Meter hoch und bietet bei klarem Wetter eine großartige Aussicht über den Albtrauf bis zu den Alpen. Rechts vorne sieht man das Denkmal für den Paläontologen Friedrich August Quenstedt, der sich unter anderem bei der Erforschung der fossilen Tierwelt der Schwäbischen Alb einen Namen gemacht hat.

The 869-metre-high Rossberg is surrounded by picturesque rolling countryside. Erected by the Swabian Alb Society in 1913, its cast concrete tower is 28 metres high. In fine weather a magnificent view is to be had from here over the maturely dissected "Albtrauf" and out as far as the Alps.

Le Rossberg (869 m) est entouré d'un pittoresque paysage accidenté. Lorsque le temps est dégagé, la tour en béton de 1913 (28 m) érigée par le Schwäbischer Albverein offre un panorama magnifique sur l'Albtrauf, jusqu'aux Alpes.

Die Arbeitersiedlung Gmindersdorf in Reutlingen ist ein mustergültiges Beispiel städtebaulich anspruchsvoller Siedlungsarchitektur des frühen 20. Jahrhunderts. Das halbkreisförmige Bauensemble des Altenhofs ist zum Abschluss der Bauarbeiten 1915 entstanden.

In terms of town planning, the Gmindersdorf workers' housing estate in Reutlingen is a fine example of high-standard housing estate architecture of the early 20th century. The semicircular complex of the so-called Altenhof is particularly elegant in style.

La cité ouvrière de Gmindersdorf à Reutlingen est un modèle de l'urbanisme du début du 20e siècle, un urbanisme qui misait sur la qualité. L'ensemble en demi-cercle de « l'Altenhof » est particulièrement réussi.

Die Reutlinger Marienkirche zeigt trotz ihrer fast 200-jährigen Bauzeit ein einheitliches gotisches Erscheinungsbild. Seit 1530 dient der Bau der protestantisch gewordenen Reichsstadt als Pfarrkirche und ist zugleich das Symbol einer selbstbewussten Bürgerschaft.

Despite the fact that it was built over a period of nearly 200 years, the Marienkirche in Reutlingen is uniformly Gothic in appearance. Since 1530 the building, belonging to the old German Reich town that had become Protestant, has served as the parish church and at the same time, is a symbol of a proud, self-confident community.

A Reutlingen, la Marienkirche offre une unité architecturale gothique remarquable, bien que sa construction ait duré presque deux siècles. Depuis 1530, elle est l'église paroissiale de la ville impériale, devenue depuis protestante, et ses citoyens en sont fiers.

Bei besonderen Maßnahmen wie Markierung oder Schur sowie zur Nacht werden die Schafherden eingepfercht. Diese Herde fand der Fotograf auf dem Rossfeld.

On specific occasions such as branding, sheep sheering time and during the night, the sheep are gathered in. The photographer captured this flock on the Rossfeld.

Pour la nuit ou pour des circonstances particulières comme le marquage ou la tonte les moutons sont parqués. Le photographe a trouvé ce troupeau sur le Rossfeld.

Vorhergehende Doppelseite: Ein morgendlicher Blick vom Neckarland nach Süden zeigt die Schichtstufenlandschaft der Schwäbischen Alb. Im Vordergrund erhebt sich die Achalm als isolierter Bergkegel vor dem Albtrauf. In 150 Kilometer Entfernung begrenzen die Schweizer Alpen mit dem 2500 Meter hohen Säntis den Horizont.

Previous double page: A morning view from the Neckar region towards the south reveals the cuesta landscape of the Swabian Alb. In the foreground the Achalm rises in front of the cuesta scarp as an isolated cone—and 150 kilometres away, with its 2,500-metre-high Säntis, the Swiss Alps define the line of the horizon.

Double page précédente : Vue du Neckar vers les pentes étagées du Jura souabe, au petit matin. Au premier plan l'Achalm, un cône isolé près de l'Albtrauf. 150 kilomètres plus loin, à l'horizon, les Alpes suisses et le sommet du Säntis (2500 m).

Die auf der Reutlinger Alb fotografierten Ackerflächen bieten im Sommer wenig landschaftliche Reize. Einzig der kleine Bachlauf mit den unregelmäßig seine Ufer säumenden Büschen bringt Abwechslung ins Bild.

In summer the arable land photographed here on the Reutlingen Alb offers little attraction in terms of landscape. The monotony is only broken by the course of the little brook, with its irregular bushy edges.

Les champs du Jura de Reutlingen ont peu d'attrait l'été. Seul le petit ruisseau bordé par endroit de buissons brise la monotonie du paysage.

Der langsam wegschmelzende Schnee lässt die Konturen der Felder im Frühjahr schärfer erscheinen und plötzlich sieht man mehr: Schemenhaft verlaufen Spuren eines ehemaligen Weges quer durch das Bild, von dem nach hinten frühere Parzellengrenzen abgehen.

As the snow slowly melts in spring, the contours of the fields become more distinct and suddenly there is more to be seen: Running across the picture schematically, you can make out an old path, along which former allotments had their borders.

La neige fond lentement, soulignant les contours des champs et dévoilant les traces d'un ancien chemin duquel partent les anciennes limites des parcelles.

Aus dem von Raureif überkrusteten Zauberwald ragt das von Nebelschwaden umhauchte Märchenschloss – der Lichtenstein – heraus. Es ist im Besitz des Herzogs von Urach und ein beliebtes Ausflugsziel.

Amidst swirling damp fog the fairytale castle Lichtenstein rises out of an enchanted forest which is coated in hoarfrost. Owned by the Duke of Urach, it is a highly popular visitors' attraction.

Tel un château de contes de fées, le Lichtenstein entouré de brumes surgit de la forêt enchantée aux cimes givrées. Il appartient au duc d'Urach et c'est un lieu de visite très apprécié.

Die Bärenhöhle gehört inzwischen zu den meistbesuchten Schauhöhlen Deutschlands. In ihrer unmittelbaren Nähe ist der Freizeitpark »Traumland« entstanden, dessen vielfältiges Angebot neben einem Märchenwald verschiedene Fahrmöglichkeiten und ein 35 Meter hohes Riesenrad einschließt.

The Bärenhöhle is now one of the most frequently visited commercial caves in the whole of Germany. In their close vicinity the leisure park "Traumland" has arisen, offering a great diversity of attractions including an enchanted forest as well as various rides and a 35-metre-high giant Ferris wheel.

La Bärenhöhle est l'une des grottes les plus visitées d'Allemagne. Non loin de là, le parc de loisirs « Traumland » offre de nombreuses activités dont la forêt enchantée, différentes attractions foraines et une grande roue de 35 mètres.

Der 825 Meter hohe Wackerstein ist ein markanter Felsklotz oberhalb des Eierbachtals südlich von Pfullingen. Ganz am Horizont erkennt man die überdachte Plattform des 1905/06 auf dem Schönberg errichteten Aussichtsturms. Das von Theodor Fischer entworfene Architekturdenkmal wird wegen seiner beiden Pylone im Volksmund »Unterhose« genannt.

At an altitude of 825 metres above sea level, Wackerstein is a prominent node of rock above Eierbach Valley to the south of Pfullingen. Right on the horizon you can recognise the covered platform of the lookout tower that was erected on the Schönberg in 1905/06.

Le Wackerstein (825 m) est un imposant rocher surplombant la vallée de l'Eierbach, au sud de Pfullingen. Au loin à l'horizon, on repère la plate-forme couverte de la tour panoramique du Schönberg (1905–06).

Im Tal der Seckach liegt das einstige Residenzstädtchen Trochtelfingen. Der Mittelpunkt der Stadt ist der Bezirk um das giebelgeschmückte kastenartige Schloss, das Ende des 15. Jahrhunderts als Sitz der Grafen von Werdenberg entstanden ist. Die enge und unregelmäßige Häuseransammlung rechts der Pfarrkirche scheint auf eine erste dörfliche Siedlung zurückzugehen, während die regelmäßigen Straßen oben zu einer bereits vor 1300 nach Plan gegründeten Marktstadt gehören. Der viergeschossige mächtige Rundturm mit seinen Schießscharten diente zur Sicherung der südlichen Flanke von Stadt und Herrschaftsbezirk.

In the Seckach Valley lies the former little residential town of Trochtelfingen. The centre point of the town is the area around the gabled, box-like castle, which was built at the end of the 15th century as the seat of the counts of Werdenberg. The mighty circular tower with its embrasures served to defend the town.

Dans la vallée de la Seckach se trouve l'ancienne ville comtale de Trochtelfingen. Le quartier autour du château carré aux pignons décoratifs, construit à la fin du 15e siècle comme siège des comtes de Werdenberg, constitue le centre de la ville. La tour ronde et massive de quatre étages et munie de meurtrières servait de bastion.

Nördlich von Trochtelfingen steht auf einem etwa 80 Meter über dem Talgrund aufragenden Bergkegel die so genannte Burgkapelle. Sie wurde 1660 von Gräfin Elisabeth Franziska von Fürstenberg gestiftet und liegt idyllisch mitten im Wald.

North of Trochtelfingen stands the so-called Burgkapelle upon an 80-metre-high mountain cone which rises up from the valley bottom. Donated in 1660 by the Countess Elisabeth Franziska von Fürstenberg, it lies in an idyllic location surrounded by woods.

La Burgkapelle se trouve au nord de Trochtelfingen, au sommet d'un cône de 80 mètres de haut qui surplombe la vallée. Erigée en 1660 par la comtesse Elisabeth Franziska von Fürstenberg, elle jouit d'une situation idyllique au milieu de la forêt.

Auf den Hochflächen der Schwäbischen Alb gibt es bis heute zwei unterschiedliche Landschaftsstrukturen, die in den Herrschaftsverhältnissen früherer Zeiten ihren Ursprung haben. Undingen (rechts) gehörte zu Württemberg und wandte bei Erbfällen die Realteilung des Besitzes an. Dadurch verkleinerten sich die Ackerflächen im Lauf der Zeit immer mehr. Pfronstetten dagegen (oben) war in der Hand des Klosters Zwiefalten, wo der Grundbesitz jeweils ungeteilt der nächsten Generation weitergegeben wurde.

To the present day on the Swabian Alb there still exist two different kinds of landscape structures that have their origins in the conditions of rule of the past. Undingen (to the right) belonged to Württemberg and here land to be inherited was divided up into equal portions. By this method the plots of land became smaller and smaller in the course of time. In contrast, Pfronstetten (above) was in the hands of Zwiefalten Monastery, where land was passed on to the next generation without being divided up.

Sur les hauteurs du Jura souabe, il existe deux types de paysages nés des traditions seigneuriales d'autrefois. Undingen (à droite) appartenait au Wurtemberg où l'on appliquait le partage réel entre les héritiers, c'est pourquoi les parcelles devinrent de plus en plus petites au fil du temps. Pfronstetten (en haut) par contre appartenait à l'abbaye de Zwiefalten où les terres étaient transmises à la génération suivante en indivision.

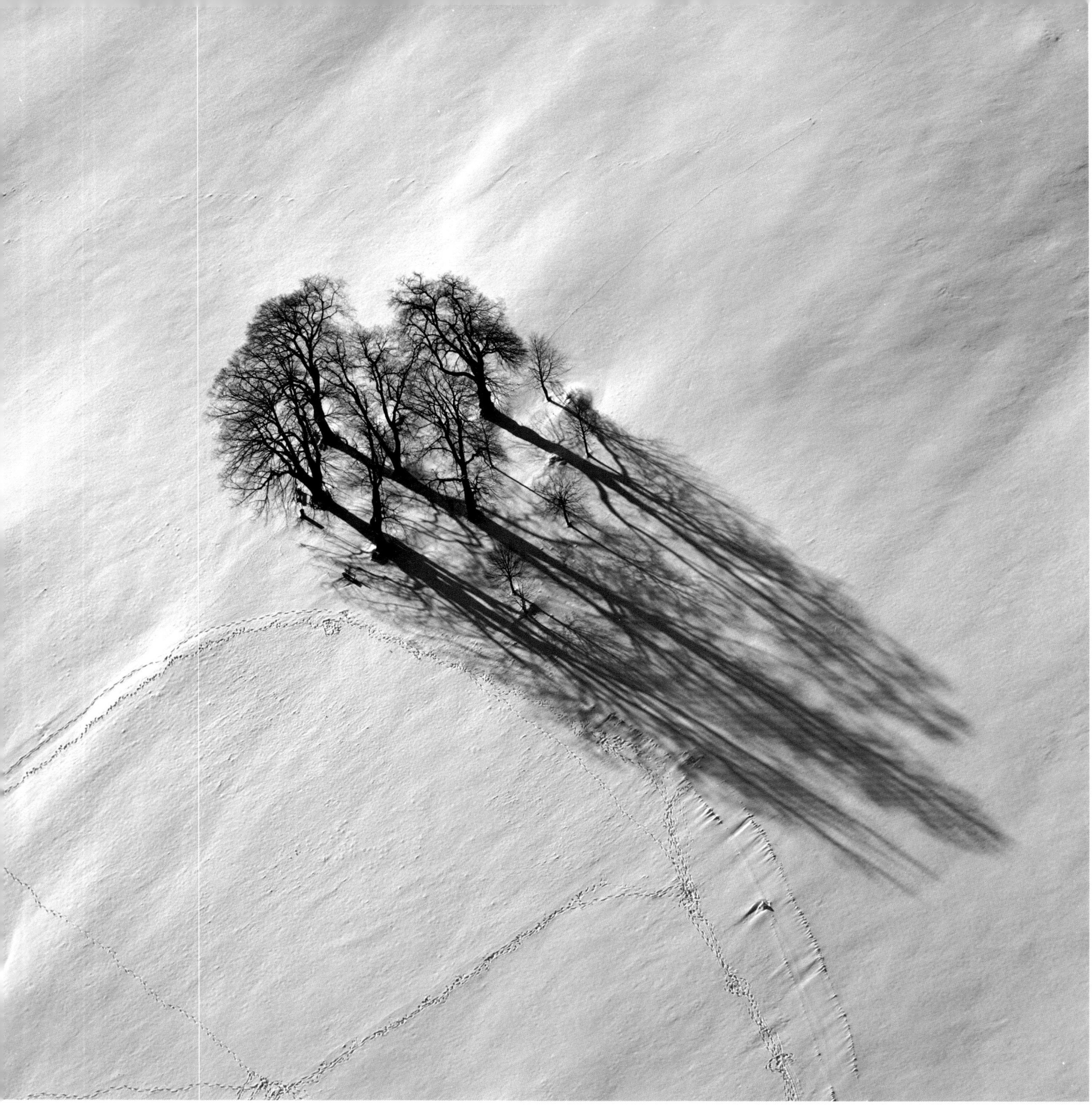

Malerisch wirft die tief stehende Sonne die Schatten der kahlen Bäume auf die schneebedeckte Flur.
Einzeln stehende Bäume mögen manchmal bei der Feldbearbeitung eine Behinderung sein, sie sind jedoch für ein abwechslungsreiches Landschaftsbild unverzichtbar und daher häufig unter Schutz gestellt.

Solitary trees may on occasion be a hindrance when farming the land; they are however, indispensable for lending variety to the landscape and thus often stand under protection.

S'il est vrai que les arbres isolés peuvent gêner les engins agricoles, ils permettent néanmoins de jouir de paysages variés. C'est l'une des raisons de les protéger.

Die Kirche der ehemaligen Benediktinerabtei Zwiefalten gehört zu den großartigsten Sakralbauten, die das 18. Jahrhundert hervorgebracht hat. Sie wurde 1765 nach den Plänen Johann Michael Fischers vollendet und bildet den zeitlichen Schlusspunkt in der Bauentwicklung des Klosters.
Das Bild zeigt deutlich, dass ursprünglich ein Idealplan mit zwei symmetrisch zu beiden Seiten der damals noch romanischen Kirche angeordneten Abteikomplexen existiert hat. Ab 1668 wurde dann aber nur der westliche Bauteil durch Tommaso Comacio ausgeführt. Seit dem Übergang an Württemberg ist in den Klostergebäuden das Psychiatrische Landeskrankenhaus untergebracht.

The church of the former Benedictine abbey of Zwiefalten is one of the most superb religious buildings to have been constructed in the 18th century. It was completed in 1765 according to plans drawn out by Johann Michael Fischer. Since the abbey was handed over to Württemberg, the monastery buildings have accommodated the regional psychiatric hospital.

L'église de l'ancienne abbaye bénédictine de Zwiefalten appartient aux édifices religieux les plus somptueux que le 18e siècle ait construits. Elle fut terminée en 1765 d'après les plans de Johann Michael Fischer. Depuis qu'elle appartient au Wurtemberg, les bâtiments conventuels abritent l'hôpital psychiatrique du Land.

Eines der besterhaltenen Frauenklöster Südwestdeutschlands ist Heiligkreuztal. Nachdem die Gebäude jahrzehntelang vernachlässigt wurden, hat die Stefanus-Gemeinschaft 1972 die Klosteranlage erworben und zu einer Bildungsstätte ausgebaut.

One of the best preserved convents in south-west Germany is Heiligkreuztal. In 1972, after decades of neglect, the St Stefanus-Community bought the convent and its grounds and turned it into an educational centre.

Heiligkreuztal est l'un des couvents les mieux conservés du sud ouest de l'Allemagne. Après avoir été laissé à l'abandon pendant des décennies, le couvent a été acquis en 1972 par la Stefanus-Gemeinschaft et transformé en centre de formation.

Riedlingen wurde Mitte des 13. Jahrhunderts von den Grafen von Veringen neben einem älteren Weiler etwas erhöht über der Donau als Stadt planmäßig gegründet. Aus der Luft erkennt man noch das ursprüngliche Stadtquadrat zwischen der Pfarrkirche Sankt Georg und dem Spital zum Heiligen Geist, dessen Ecktürmchen einst die Stadtmauer befestigt hat. Es ist in der Mitte links zu sehen. Erst nachdem Riedlingen kurz vor 1300 habsburgisch geworden war, wurde der benachbarte Weiler in die Stadt einbezogen und das Gelände bis zur Donau erweitert.

Founded by the counts of Veringen in the middle of the 13th century according to town plans, Riedlingen was built near an old hamlet on slightly raised ground, overlooking the Danube. It was not until after Riedlingen came into Hapsburg hands, just before 1300, that the nearby hamlet was integrated into the town and the grounds were extended down to the Danube.

Riedlingen a été construite sur plan au milieu du 13e siècle par les comtes de Veringen, un peu au dessus du Danube, près d'un hameau plus ancien. Peu avant 1300, lorsqu'elle passa dans les mains des Habsbourg, le hameau lui fut rattaché et la ville s'étendit jusqu'au Danube.

Der Bussen gilt als »heiliger Berg« Oberschwabens. Mit einer Höhe von 767 Metern überragt er seine Umgebung bei weitem und ragt – wie auf diesem Bild – immer wieder inselartig aus dem Nebel heraus. Er war schon in vorgeschichtlicher Zeit besiedelt und trug im Mittelalter einen Herrschaftssitz, an dessen Befestigung der tiefe Halsgraben und der Bergfried erinnern. Von der 1516 erbauten Wallfahrtskirche ist der Chor erhalten. Der Turm kam hingegen erst im 18. Jahrhundert hinzu und das Schiff wurde vor knapp 50 Jahren modern gestaltet.

The Bussen is regarded as the "holy mountain" of Upper Swabia. At a height of 767 metres, it reigns over its surroundings, every now and again jutting out of the fog like an island in the sea.

Le Bussen est considéré comme la « montagne sacrée » de Haute souabe. De ses 767 mètres, elle domine largement les environs et son sommet émerge souvent des nuages, tel une île.

Nach der Schneeschmelze oder nach längerem Regen tritt die Donau häufig über die Ufer. Wenn die Wiesen der Flussaue von Bebauung frei geblieben sind, stört dieser natürliche, periodisch wiederkehrende Vorgang kaum. Es fällt auf, dass die Häuser von Zell (rechts im Bild) auf hochwassersicherem Gelände stehen, man also früher um die Wechselfälle der Natur wusste.

Melting snow or longer periods of rainfall often cause flooding along the Danube. You will notice that the houses of Zell (right) stand upon raised ground, safe from the floods—so it can be assumed that people in those days were aware of this natural danger.

Après la fonte des neiges ou une longue période pluvieuse, le Danube sort souvent de son lit. Mais les maisons de Zell (à droite) sont construites sur des terres non inondables, les anciens connaissant déjà les caprices de la nature.

Die Neuburg liegt auf einem Massenkalkfelsen über der Donau und war ursprünglich im Besitz der schwäbischen Herzogsfamilie der Alaholfinger. Sie wird erstmals 1171 urkundlich erwähnt. Aus der ehemaligen Burgkapelle hat sich die Pfarrkirche Sankt Michael entwickelt, deren gotischer Chor erhalten ist. Sie war einst Mutterkirche eines großflächigen Pfarrbezirks.

Neuburg lies on a limestone cliff overlooking the Danube and was originally owned by the Swabian ducal Alaholfinger family.

Neuburg se trouve sur un rocher calcaire surplombant le Danube et appartenait à l'origine à la dynastie ducale souabe des Alaholfinger.

Auf den Resten einer schon im 8. Jahrhundert entstandenen klösterlichen Anlage gründete Pfalzgraf Hugo von Tübingen 1171 das Prämonstratenserkloster Obermarchtal. Die 1701 geweihte Kirche gehört zu den frühesten Beispielen der Vorarlberger Bauschule um Michael Thumb. Seit 1802 gehört das eindrucksvolle Bauensemble dem Fürsten von Thurn und Taxis.

In 1171 the count palatine Hugo von Tübingen built the Premonstratensian monastery Obermarchtal upon the ruins of an 8th century monastery. Consecrated in 1701, the church here is one of the earliest examples of the Vorarlberg school of architecture under Michael Thumb. Since 1802 the monastery has belonged to the Prince of Thurn and Taxis.

En 1171, le comte palatin Hugo de Tübingen fonda l'abbaye des Prémontrés d'Obermarchtal sur les vestiges d'un monastère du 8e siècle. L'église consacrée en 1701 est l'une des premières œuvres de l'école architecturale de Vorarlberg (de Michael Thumb). Depuis 1802, ce monastère appartient aux princes de Thurn et Taxis.

Die sanft gewellte Landschaft der Albhochfläche ist ein beliebtes Ziel für Zeltlager aus ganz Deutschland, da die zahlreichen Felsen, Höhlen und Burgen eine abwechslungsreiche Freizeitgestaltung garantieren. Das hier abgebildete Zeltlager fanden wir oberhalb des Lautertals.

The gently undulating landscape of the Alb uplands, for example here above the Lauter Valley, is popular among campers, as the numerous rocks, cliffs, caves and castles guarantee great diversity in terms of recreational activities.

Au-dessus de la vallée de la Lauter, ce paysage légèrement vallonné des hauteurs du Jura est très apprécié des campeurs car les nombreux rochers, grottes et châteaux offrent des loisirs très divers.

Die Schülzburg bei Anhausen ist eine verhältnismäßig junge Ruine, da erst ein im Februar 1884 ausgebrochener Brand den heutigen Zustand verursacht hat. Man erkennt deutlich die beiden durch verschieden starke Mauern ablesbaren Bauabschnitte. Im Vordergrund die mittelalterliche Burg mit schräg gestelltem Palas und Burghof; direkt an die alte Burg angebaut der Neubau von 1605.

The Schülzburg near Anhausen are relatively recent ruins, resulting from a fire that broke out in February 1884.

Près d'Anhausen, le Schülzburg est une ruine relativement récente. En effet, le château a brûlé en février 1884.

Mit ihrer stattlichen Schildmauer und den gut erhaltenen Mauerringen gibt die Burg Derneck ein schönes Bild eines mittelalterlichen Adelssitzes ab. Seit 1967 betreibt der Schwäbische Albverein in den Gebäuden ein beliebtes Wanderheim.

With its stately, massive wall and well-preserved circular walls, the fine stronghold Derneck is representative of a mediaeval royal residence. Since 1967 the buildings here have been used as a hiker's retreat run by the Swabian Alb Society.

Le château de Derneck avec son imposant rempart et ses murs d'enceinte bien conservés illustre bien ce qu'étaient les résidences des nobles au moyen-âge. Depuis 1967, le Schwäbische Albverein gère un gîte de randonnée dans ces locaux.

Der ehemalige Burgweiler Gundelfingen liegt äußerst malerisch zu Füßen eines Umlaufberges der Lauter. Auf dem Bergkegel erhebt sich die gut erhaltene Burg Niedergundelfingen, die Stammburg des einst mächtigen Geschlechts der Gundelfinger. Jenseits des Tales erblickt man in felsigem Gelände den Bergfried der Burg Hohengundelfingen, die im 12. Jahrhundert zur Sicherung des Ortes und der niederen Stammburg entstanden ist.

The former hamlet Gundelfingen lies in an extremely picturesque location at the foot of a cut-off meander spur of the Lauter. From the top of the cone reigns the well-preserved stronghold Niedergundelfingen. On the other side of the valley you can see the Bergfried tower of the stronghold Hohengundelfingen amidst rocky landscape.

Au pied d'une colline que contourne la Lauter se niche le très pittoresque hameau de Gundelfingen. Au sommet du cône se dresse la forteresse bien conservée de Niedergundelfingen. De l'autre côté de la vallée, au milieu des rochers, le donjon du château de Hohengundelfingen.

Auf dem 844 Meter hohen Basalttuffschlot des Sternbergs erhebt sich seit 1905 ein Aussichtsturm. Bei klarer Sicht reicht der Blick vom Schwarzwald über die Höhen der Alb bis zu den Alpen.

Since 1905 there has been an lookout tower on the 844-metre-high basalt tuff vent of the Sternberg. On a clear day the view extends from the Black Forest, over the heights of the Alb and as far as the Alps.

Depuis 1905, une tour panoramique se dresse sur le Sternberg, cheminée volcanique en tuf basaltique haute de 844 mètres. Par temps clair, le regard porte de la Forêt Noire jusqu'aux Alpes, en passant par les hauteurs du Jura.

1787 hatte Freiherr Philipp Friedrich von Liebenstein jüdische Familien in Buttenhausen angesiedelt. Zwei Jahre später wurde den Zugezogenen ein knapp 40 Ar großes Gelände am Nordabhang des Mühlbergwaldes als Friedhofsfläche zugewiesen, wo sich heute noch weit über 100 Grabsteine befinden. Von den 1933 in Buttenhausen lebenden 89 Juden wurden in der Folge von den Nationalsozialisten knapp die Hälfte umgebracht, die anderen hatten noch rechtzeitig auswandern können.

In 1787 Baron Philipp Friedrich von Liebenstein encouraged Jewish families to settle in Buttenhausen. Two years later these new inhabitants were allocated just under 4,000 square metres of land to serve as a cemetery. Today, there are more than a hundred gravestones to be found there. About half of the 89 Jews who lived 1933 in Buttenhausen were murdered by the National Socialists, the others could emigrate.

En 1787, le baron Philipp Friedrich de Liebenstein a permis à des familles juives de s'installer à Buttenhausen. Deux années plus tard, on leur attribuait un terrain de 40 ares sur la pente nord de la forêt de Mühlberg pour aménager un cimetière qui compte aujourd'hui encore plus de 100 tombes. Près de la moitié des 89 juifs qui vivaient en 1933 à Buttenhausen furent assassinés par les nazis, les autres purent s'exiler à temps.

Das im 16. Jahrhundert von den württembergischen Herzögen eingerichtete Gestüt in Marbach ist heute das größte Landgestüt mit einem Bestand von über 350 Pferden. Ende September und Anfang Oktober finden alljährlich an zwei Wochenenden die beliebten Hengstparaden statt. Eine der Hauptattraktionen ist dabei die Präsentation der weltberühmten Marbacher Araberherde.

Founded in the 16th century by the dukes of Württemberg, the stud farm in Marbach is today the largest regional stud farm, possessing over 350 horses. Here, every year—on two weekends at the end of September and beginning of October—their popular parades take place.

Le haras de Marbach fondé par les ducs du Wurtemberg au 16e siècle est actuellement le plus important du land (350 chevaux). Tous les ans, fin septembre et début octobre, a lieu durant deux week-ends un spectacle très apprécié : les parades des étalons.

Die riesigen Pferdekoppeln des Marbacher Gestüts und seiner Außenstellen auf der Albhochfläche lassen den Pferden zu jeder Jahreszeit genügend Auslauf.

The huge paddocks of Marbach Stud Farm and the land in its possession on the Alb uplands allow the horses ample freedom to move about all the year around.

Les immenses pâtures du haras de Marbach et ses dépendances sur les hauteurs du Jura offrent aux chevaux de quoi se dégourdir les pattes en toute saison.

Auf einem Bergsporn über dem Dolderbach liegt Schloss Grafeneck. An der Stelle einer älteren Burg hat Herzog Christoph in der Mitte des 16. Jahrhunderts ein Jagdschloss errichten lassen. In der Barockzeit wurde die Anlage unter Herzog Carl Eugen um ein Opernhaus, eine Kirche und um ein Lustschloss erweitert. Grafeneck wurde so um 1770 für wenige Jahre zu einem beliebten Aufenthaltsort des württembergischen Hofes. Seit 1928 ist hier ein Samariterstift für Behinderte eingerichtet. 1940 wurden hier durch die Nationalsozialisten über 10 000 Menschen als Euthanasieopfer umgebracht. In einer Gedenkstätte wird ihrer gedacht.

Upon a mountain spur above the Dolderbach lies Castle Grafeneck. In the middle of the 16th century Duke Christoph had a royal hunting lodge built where once stood a stronghold. Since 1928 Castle Grafeneck has been a home for the disabled, known as the Samariterstift. Later, in 1940, over 10,000 people —victims of euthanasia—were killed here by the National Socialists. A memorial has been set in remembrance.

Sur un éperon rocheux surplombant la Dolderbach, à l'emplacement d'une ancienne place forte, le duc Christoph a fait construire un château de chasse au milieu du 16e siècle. Depuis 1928, ce château abrite un hospice samaritain pour handicapés. On y trouve un monument à la mémoire des 10 000 victimes de la politique d'euthanasie des nazis (1940).

Im 13. Jahrhundert gelangte Münsingen von den Grafen von Urach an die Grafen von Württemberg, welche die Stadt in der Folge stark gefördert haben. Die ältere Kirche wurde kurz vor 1500 von Peter von Koblenz um den Chor und den Turm erweitert. Das links oberhalb der Turmspitze sichtbare kastenartige Schloss ist ein Steinbau des 14. Jahrhunderts. Die Kernstadt hat heute etwa 6300 Einwohner.

In the 13th century Münsingen went from the hands of the counts of Urach to the counts of Württemberg, who since then have developed the town to a great extent. Today, the town nucleus has about 6,300 inhabitants.

Au 13e siècle, Münsingen passa des mains des comtes d'Urach à celles des comtes du Wurtemberg qui contribuèrent considérablement à son essor. La ville sans les faubourgs compte 6300 habitants.

Die Schafhaltung ist für das Landschaftsbild der Schwäbischen Alb von entscheidender Bedeutung. Die charakteristischen Wacholderheiden sind ohne die Beweidung durch Schafe nicht zu erhalten. Das Bild zeigt einen Schafpferch auf einer Ackerfläche bei Münsingen.

Without sheep-grazing it would be impossible to maintain the characteristic juniper heaths on the Alb. The picture shows a sheepfold on fields near Münsingen.

La présence de troupeaux de moutons conditionne la conservation des landes de genévriers si caractéristiques du Jura. Ici, parcage à moutons sur une surface cultivée.

Rechts oben: 1895 wurde ein Teil der Münsinger Alb als Truppenübungsplatz ausgewiesen. Die inzwischen auf 67 Quadratkilometer erweiterte Fläche wird bis Ende 2006 von der Bundeswehr aufgegeben. Wegen seiner besonderen Flora und Fauna wird der Platz zukünftig als Biosphärenreservat unter Schutz gestellt. Was aus der Luft wie eine prähistorische Bodenzeichnung aussieht, ist in Wirklichkeit eine Anlage ehemaliger Schützengräben.

Right above: In 1895 a piece of land on the Münsingen Alb was reserved for use as military training grounds. Extending in the meanwhile over 67 square kilometres, this land will be given up by the Armed Forces by the end of 2006. What, from the air, seems to be a prehistoric ground drawing, is in fact a series of old trenches.

A droite en haut : En 1895, un terrain d'exercice militaire a été aménagé dans le Jura de Münsingen. Il atteint maintenant 67 kilomètres carré et sera abandonné par la Bundeswehr en 2006. D'avion, on croit voir les marques d'un site préhistorique mais il s'agit des traces d'anciennes tranchées.

Das Gelände des Münsinger Truppenübungsplatzes ist von einem dichten Netz teilweise stark befestigter Straßen durchzogen. Deutlich erkennt man den betonierten Untergrund im Kreuzungsbereich. Dort war die Bodenbelastung durch die Ketten drehender Panzer besonders groß.

The Münsingen training grounds have a dense network of roads, some of which are strongly reinforced.

Le terrain militaire de Münsingen est sillonné par un réseau de routes très renforcées.

Auf dem Bild durchfließt die Erms das Seeburger Tal in nördlicher Richtung. Im Talgrund sieht man die Mühle Georgenau. Auf dem 180 Meter höher liegenden kleinen Plateau fällt das Hofgut Hohenwittlingen auf. Die dazugehörige Burgruine liegt links davon auf dem Bergsporn direkt über Georgenau. Rechts ist die Gemeinde Wittlingen auf der 700 Meter hohen Albhochfläche sichtbar.

In the picture the Erms flows through the Seeburg Valley towards the north. The Georgenau mill can be seen at the bottom of the valley and 180 metres higher up, on small plateau, the farming estate of Hohenwittlingen stands out. Belonging to it, to the left, are the castle ruins that lie on a mountain spur directly above Georgenau. To the right, the community of Wittlingen is to be seen, situated on the 700-metre-high plains of the Alb.

L'Erms suit la vallée de Seeburg en direction du nord. Au fond de la vallée, le moulin de Georgenau. Sur un petit plateau, 180 mètres plus haut, le domaine de Hohenwittlingen attire l'attention. La ruine attenante sur la gauche se trouve directement au-dessus de Georgenau. A droite, Wittlingen est située sur le haut plateau du Jura, à 700 mètres d'altitude.

Über den Aussichtsturm auf der Hohen Warte geht der Blick über die Hochfläche der herbstlich gefärbten Alb bis zur nur schemenhaft am Horizont sichtbaren Alpenkette.

From above the lookout tower on the Hohe Warte the view extends over the Alb uplands, blanketed in the hues of autumn, and as far as the horizon, where the mountain chain of the Alps can just vaguely be made out.

La tour panoramique de la Hohe Warte, les hauteurs du Jura aux couleurs de l'automne et, à l'horizon, la silhouette de la chaîne des Alpes.

Eine der größten Natursehenswürdigkeiten der Schwäbischen Alb ist der Uracher Wasserfall. Sein Quellbach entspringt am Fuß einer Felswand des Albtraufs und stürzt nach einem Lauf von 150 Meter Länge über die Hangkante 37 Meter hinab.

One of the greatest natural attractions of the Swabian Alb is Urach Waterfall. Its source is at the foot of a rock face on the cuesta scarp of the Alb. It plunges over edge—falling a distance of 37 metres.

La chute d'Urach est une des plus grandes curiosités naturelles de la région du Jura souabe. Elle prend sa source au pied d'une paroi rocheuse de l'Albtrauf et se jette dans le vide pour atterrir 37 mètres plus bas.

Der dreieckige Marktplatz der ehemaligen württembergischen Residenzstadt Bad Urach gehört zu den schönsten im Gebiet der Schwäbischen Alb. Seine geschlossene Reihe von Fachwerkgiebelhäusern geht teilweise noch auf das 15. Jahrhundert zurück. Links erkennt man das um 1450 erbaute Rathaus an seinem kleinen Dachreiter.

The triangular market square of the former Württemberg residential town of Bad Urach is one of the most beautiful in the whole of the Swabian Alb region. On the left, the town hall, that was built in 1450 can be recognised by its little ridge turret.

La place du marché triangulaire de l'ancienne résidence des comtes du Wurtemberg, Bad Urach, est l'une des plus belles de la région. A gauche, la mairie construite en 1450 est reconnaissable à son petit lanterneau.

Folgende Doppelseite: Beim Blick über das Ermstal und die Uracher Alb erkennt man im Vordergrund zunächst Bad Urach mit seinem in die umgebenden Täler ausgreifenden Siedlungswachstum. Direkt oberhalb der Stadt fällt die Burg Hohenurach und dahinter der markante Runde Berg auf. Am rechten Bildrand liegt, schon auf der Albhochfläche, der Ort Hülben. Im weiteren Verlauf des Ermstales sieht man zunächst Dettingen und dann Neuhausen, das schon fast mit Metzingen zusammengewachsen ist. Links hinten sind Reutlingen und die Achalm sichtbar.

Next double page: Looking out over the Erms Valley and the Urach Alb you will first see Bad Urach in the foreground, with its settlements spreading out along the surrounding valleys. Directly above the town the fortress Hohenurach is visible and behind it, the striking Runder Berg.

Double page suivante : Vue sur l'Ermstal et le Jura d'Urach. Au premier plan, Bad Urach dont les quartiers s'étendent dans les vallées avoisinantes. Juste au dessus de la ville, le château d'Hohenurach derrière lequel on aperçoit le Runder Berg.

Oberhalb von Bad Urach wird das Ermstal immer schmaler und das Gefälle größer. Da das frische, schnell fließende Wasser ideal zur Fischzucht ist, werden an der engsten Stelle des Tals kurz vor Seeburg Bachsaiblinge, Regenbogenforellen, Lachsforellen, Aale und Karpfen großgezogen.

Up the valley from Bad Urach the Erms becomes narrower and narrower and the slope steeper. The fresh, tumbling waters are ideal for fish farming.

En amont de Bad Urach, la vallée de l'Erms devient de plus en plus étroite et la pente de plus en plus raide. L'eau fraîche courante est idéale pour la pisciculture.

Das Pumpspeicherwerk Glems ist zwischen 1964 und 1969 gebaut worden. Es kann bei Bedarf innerhalb weniger Minuten eine Leistung von 90 Megawatt ans Stromnetz abgeben. Das Speicherbecken im Vordergrund liegt auf 753 Meter Höhe und ist mit dem zweiten, fast 300 Meter tiefer liegenden Stausee durch ein Rohrsystem verbunden. In den Stunden mit geringem Bedarf wird das Wasser ins obere Becken gepumpt und in Spitzenzeiten über Turbinen wieder hinabgelassen.

The Glems pump storage works was built between 1964 and 1969. When required, it can provide 90 megawatts of electricity within minutes. Situated at a height of 753 metres, the storage basin in the foreground is linked via a system of piping to a second reservoir, almost 300 metres below it.

La centrale de pompage de Glems a été construite entre 1964 et 1969. En l'espace de quelques minutes, elle peut atteindre une puissance de 90 mégawatts. Le bassin de retenue que l'on voit au premier plan (753 m d'altitude) est relié au barrage situé près de 300 mètres plus bas par un système de tuyaux.

Die Metzinger Weingärtner bewirtschaften eine Rebfläche von etwa 35 Hektar. Sie sind seit 1936 in einer Weingärtnergenossenschaft zusammengeschlossen, die zu den kleinsten Württembergs zählt. Die nach Süden und Südwesten ausgerichteten Weinberge besitzen Verwitterungsböden vulkanischer Schichten sowie von Braunjura und Weißjura.

The vineyards of the Metzingen winegrowers cover an area of about 35 hectares. Since 1936 the winegrowers have been organised in a winegrowers' co-operative which is one of the smallest in Württemberg.

Les viticulteurs de Metzingen cultivent environ 35 hectares de vigne. La coopérative de vignerons crée en 1936 est parmi les plus petites du Wurtemberg.

Metzingen gilt mit etwa 60 Firmen gegenwärtig als »Hauptstadt des deutschen Fabrikverkaufs«. Am Rand der historischen Altstadt befindet sich zwischen Reutlinger und Ulmer Straße eines der zahlreichen Outlet-Zentren, das allein 30 Firmen an diesem Standort vereinigt.

At present Metzingen is considered the "German capital of outlet stores". On the edge of the historical old part of town, between the streets Reutlinger and Ulmer Straße, one of the town's many outlet centres is to be found, here alone bringing 30 companies together on one site.

De nos jours, Metzingen est considérée comme la « capitale des ventes d'usine ». A la limite de la ville historique, entre la Reutlinger et l'Ulmer Straße, l'un de ces centres y réunit à lui seul 30 usines.

Auf dem Kelternplatz in Metzingen stehen sieben mächtige Keltern, zwei davon stammen noch aus dem ersten Viertel des 16. Jahrhunderts. Sie zeugen von der großen Tradition des Weinbaus am Albtrauf rund um Metzingen und sind als Ensemble einmalig in Deutschland.

On the Kelternplatz in Metzingen stand seven mighty winepresses, two of which date right back to the first quarter of the 16th century. They offer evidence of the great wine-growing tradition on the cuesta scarp or "Albtrauf" around Metzingen and are as a cluster the only ones of their kind in the whole of Germany.

Sur la Kelternplatz de Metzingen se trouvent sept imposants pressoirs dont deux datent du début du 16e siècle. L'ensemble est unique en Allemagne, il témoigne de l'importance traditionnelle de la viticulture dans l'Albtrauf, dans la région de Metzingen.

JOOP
JOOP

Bereits vor 500 Jahren ist man in Beuren auf eine Heilquelle gestoßen, die lange Zeit großen Zuspruch fand. 1970 erbohrte man schließlich zwei Quellen mit bis zu 48 Grad heißem Wasser. Das heutige Bad wurde 1978 eröffnet.

Very popular over a long period of time was a medicinal spring that was discovered in Beuren 500 years ago. Finally, in 1970, drilling was carried out to release two springs with a water temperature of up to 48°C. The present-day baths were opened in 1978.

Une source thermale très renommée a été découverte il y a 500 ans à Beuren. En 1970, deux nouvelles sources ont été forées et leur eau est à 48°. Les thermes actuels ont été inaugurés en 1978.

Eingebettet in die typische Streuobstwiesenlandschaft liegt am Fuß des Albtraufs das Freilichtmuseum Beuren. Es wurde 1995 eröffnet und umfasst derzeit 22 Einzelgebäude, die aus dem Mittleren Neckarraum und von der Schwäbischen Alb stammen.

The open-air museum of Beuren lies at the foot of the Albtrauf, amidst typical natural orchard landscape. It was opened in 1995 and comprises of 22 individual buildings originating from the middle Neckar region and the Swabian Alb.

Intégré dans un paysage de prairies aux pommiers de plein vent, typiques pour la région, l'écomusée de Beuren se trouve au pied de l'Albtrauf. Il a été inauguré en 1995 et comprend actuellement 22 bâtiments provenant du Moyen-Neckar et du Jura souabe.

Den optischen Mittelpunkt Nürtingens bildet die an der Spitze eines kleinen Bergsporns über dem Neckar stehende Stadtkirche. Rechts des Kirchturms erblickt man den lang gezogenen Marktplatz, dessen stattliche Häuser nach einem Brand im 18. Jahrhundert erbaut wurden. Die vom Neckar nach rechts oben führende Alleenstraße zeigt den Verlauf der ehemaligen Stadtmauer an.

Visually speaking, the centre of Nürtingen, the municipal church stands above the Neckar on the top of a small mountain spur. To the right of the church steeple the elongated market square is to be seen, the stately houses upon which were built after a fire in the 18th century.

A Nürtingen, notre regard est attiré par l'église située sur la pointe d'un éperon rocheux surplombant le Neckar. A droite du clocher, on aperçoit la longue place du marché dont les maisons cossues ont été construites au 18e siècle après un incendie.

Die wohl im 11. Jahrhundert gegründete Burg Hohenneuffen wurde kurz nach 1300 württembergisch und in der Folge ständig ausgebaut und erweitert. Noch heute sind ihre riesigen, aus dem Felsen herauswachsenden Mauern und die Bastionen beeindruckend. Um 1800 wurde die Burg aufgegeben und die Verteidigungswerke geschleift.
Als sich 1948 die Ministerpräsidenten der damals noch drei südwestdeutschen Länder auf der Burg trafen, wurde zum ersten Mal über die Bildung eines einheitlichen Südweststaates gesprochen.

Founded presumably in the 11th century, Hohenneuffen came into Württemberg possession in 1300 and as a result, was constantly expanded and extended. The fortress was abandoned in 1800.

Le château de Hohenneuffen, probablement construit au 11e siècle, passa au Wurtemberg après 1300 et fut ensuite agrandi et modifié par étapes successives. Il est désaffecté depuis 1800.

Im Nebel wirkt der Hohenneuffen wie eine Fata Morgana in einer fremden Welt. Die in 743 Meter Höhe gelegene Burg ragt um mehr als 300 Meter über das Albvorland hinaus und ist bei klarem Wetter wegen ihrer weißen Kalkmauern noch aus großer Entfernung zu erkennen.

In the fog Hohenneuffen appears as a mirage in a strange world. Situated at a height of 743 metres, the fortress juts out more than 300 metres over the Alb foothills. On a fine day it is visible from a great distance due to its white limestone walls.

Le Hohenneuffen se dresse dans le brouillard tel un mirage. Construit à 743 mètres d'altitude, le château surplombe de plus de 300 mètres les contreforts du Jura et, par temps clair, on le repère de loin à ses murs de calcaire blanc.

Der harte Kalkstein des Weißen Jura eignet sich besonders gut als Schotter und bei mächtigeren Gesteinsbänken teilweise auch als Baustoff. Einer der flächenmäßig größten Steinbrüche der Uracher Alb befindet sich bei Hülben. Im Hintergrund ist rechts die Albhochfläche mit dem Trauf oberhalb des Lenninger Tals zu sehen. Links davon liegt der schon fast isolierte Rücken des Teckberges. Die Burg Teck steht auf dem höchsten Punkt der kleinen Bergnase.

The hard limestone of the Upper Jurassic is particularly suitable for gravel and in the case of more massive rock layers, also for construction purposes. One of the largest quarries on the Urach Alb is to be found near Hülben.

Le calcaire dur du Jura blanc est utilisé pour fabriquer du gravier, et les veines plus épaisses fournissent un matériau de construction. Près d'Hülben se trouve l'une des carrières les plus grandes du Jura d'Urach.

Die beliebte Skiliftanlage bei Donnstetten gehört zu den modernsten ihrer Art in Südwestdeutschland. Mit Flutlicht kann man bis 22 Uhr die 365 Meter lange Piste, die mit vier Liften ausgestattet ist, benutzen. Während der Skihang nur im Winter befahrbar ist, bleibt die benachbarte Bobbahn das ganze Jahr über geöffnet.

The popular ski-lift near Donnstetten is one of the most modern of its kind in south-west Germany. While the ski slope can only be used in winter, the neighbouring bob run is open the whole year around.

Près de Donnstetten, cette remontée mécanique (l'une des plus modernes du sud de l'Allemagne) est très appréciée. Alors que le domaine skiable n'est utilisable qu'en hiver, la piste de bobsleigh est en service toute l'année.

Der Heidengraben ist eine rund sechs Kilometer lange Befestigungsanlage, die einst einem keltischen Oppidum zur Sicherung gedient hat. Da die über 2000 Jahre alte Anlage in der Alblandschaft bis heute gut sichtbar ist, verwundert es nicht, dass der Ort Grabenstetten von jenem Graben seinen Namen hat.

The Heidengraben is a roughly six-kilometre-long fortification that once served to defend a Celtic Oppidum. Now over 2,000 years old, it is today still clearly discernible in the Alb landscape; so it comes as no surprise that the town of Grabenstetten derives its name from this ancient "Graben".

Le Heidengraben est un rempart de six kilomètres de long qui protégeait autrefois un oppidum celte. Cette installation vieille de 2000 ans est encore bien visible, et la commune porte son nom : Grabenstetten.

Das mächtige Portal der Falkensteiner Höhle liegt auf einer Höhe von 572 Metern am Ende des Elsachtals. Sie ist eine aktive Wasserhöhle und ganzjährig von der Elsach durchflossen. Mit über vier Kilometern erforschter Länge ist sie eine der längsten Höhlen der Alb. In 100 Metern Tiefe führt sie direkt unter Grabenstetten hindurch.

The gaping mouth of the Falkenstein Cave lies at an altitude of 572 metres at the end of the Elsach Valley. This is the longest cave in the Alb with over four kilometres of its length having been explored. At a depth of a hundred metres it passes directly under Grabenstetten.

L'imposante entrée de la grotte de Falkenstein se trouve à 572 mètres d'altitude, au fond de la vallée de l'Elsach. C'est la grotte la plus longue du Jura : quatre kilomètres de galeries ont déjà été explorés. Elle passe sous Grabenstetten à une profondeur de 100 mètres.

Der 29 Meter hohe Römersteinturm steht auf dem höchsten Berg der mittleren Schwäbischen Alb. Er bietet bei gutem Wetter nicht nur einen weiten Blick nach Norden ins Lenninger Tal und zum Albtrauf, sondern in südlicher Richtung sogar bis zur schneebedeckten Kette der Alpen.

The 29-metre-high tower Römersteinturm stands on the highest mountain of the middle Swabian Alb. In good weather it not only offers a fine view northwards right out to the Lenningen Valley and the Albtrauf but also to the south, extending even as far as to the snow-covered mountains of the Alps.

La Römersteinturm (29 m) se trouve sur le point culminant du moyen Jura souabe. Par beau temps, elle offre une vue imprenable sur la Lenninger Tal et l'Albtrauf, au nord, et jusqu'à la chaîne enneigée des Alpes au sud.

Früher gab es in vielen Dörfern der Schwäbischen Alb kleine Tümpel, in denen das Regenwasser gesammelt wurde. Diese Tümpel nennt man »Hülen«. Die Hüle in Zainingen ist noch erhalten und ein reizvoller Mittelpunkt des Dorfes.

Formerly many villages on the Swabian Alb had little ponds, known as "Hülen", in which rainwater was collected. This one in Zainingen is still intact, representing an attractive focal point in the village.

Dans bon nombre de villages du Jura souabe se trouvait autrefois une petite mare appelée « Hüle », dans laquelle on récupérait l'eau de pluie. A Zainingen, ce lieu bien conservé a beaucoup de charme.

Laichingen ist vor allem für seine Textil- und Bekleidungsindustrie bekannt. Schon seit dem Mittelalter wurde in der Umgebung Flachs angebaut und in den Häusern Leinenweberei betrieben. Trotz wirtschaftlicher Rückschläge und verheerender Stadtbrände blieb der Ort ein Zentrum dieses Industriezweigs. Obwohl Laichingen erst 1950 offiziell zur Stadt erhoben wurde, war es bereits früh ein wichtiger Markt- und Gerichtsort. Rechts oben sieht man die spätgotische Pfarrkirche, die Mitte des 16. Jahrhunderts mit stattlichen Wehrmauern umgeben wurde. Der Turm stammt aus dem Jahr 1696.

Above all Laichingen is known for its textile and clothing industry. To the right you can see the late Gothic parish church, to which stately defence walls were added in the middle of the 16th century. The tower dates back to the year 1696.

Laichingen est surtout connue pour son industrie textile. En haut à droite, l'église gothique flamboyant fut entourée au 16e siècle par une enceinte imposante. La tour date de 1696.

Südwestlich von Westerheim liegt in 820 Meter Höhe ein 20 Hektar großer Campingplatz. Die mehr als 1000 Stellplätze sind überwiegend von Dauercampern belegt, die nicht nur die reizvolle Umgebung der Albhochfläche, sondern auch das zum Campingplatz gehörende Freibad zu schätzen wissen.

To the south-west of Westerheim, at a height of 820 metres, lies a camping site over an area of 20 hectares. It has over a thousand camping spaces, most of which are used by regular campers, who appreciate not only the attractive surroundings of the Alb uplands but also the outdoor pool belonging to the camping site.

Au sud-ouest de Westerheim, à 820 mètres d'altitude, se trouve un grand camping de 20 hectares offrant plus de 1000 places. Il est principalement fréquenté par des campeurs à l'année qui apprécient non seulement le merveilleux paysage jurassien mais aussi la piscine du camping.

Folgende Doppelseite: Der Blautopf bei Blaubeuren ist der Quelltrichter eines riesigen unterirdischen Höhlensystems. Er hat ein Einzugsgebiet von mehr als 160 Quadratkilometern und eine durchschnittliche Schüttung von etwa 2300 Litern pro Sekunde. Das tiefblaue Wasser und die scheinbar unergründliche Tiefe des Blautopfs sind nach wie vor sagenumwoben.

Next double page: The spring pits of a huge underground cave system are the so-called Blautopf near Blaubeuren. Its deep blue waters and apparently unfathomable depths have been the subject of many a tale and still are, to this day.

Double page suivante : Près de Blaubeuren, le Blautopf est une cuvette vers laquelle convergent les eaux d'un vaste ensemble de grottes souterraines, formant une source dont la profondeur insondable et le bleu intense ont inspiré de nombreuses légendes.

Schloss Mochental wurde 1730/34 als Sommersitz der Äbte von Zwiefalten neu erbaut. Der durch zwei Schmuckgiebel charakterisierte Bau steht reizvoll auf einem Bergvorsprung und beherbergt heute neben einer Galerie für moderne Kunst das erste deutsche Besenmuseum.

Between 1730 and 1734 Mochental Palace was completely rebuilt to serve as the summer residence of the abbots of Zwiefalten. With its two characteristic ornamental gables, it stands attractively on a mountain spur and today houses a gallery of modern art as well as the first ever German broom museum.

Le château de Mochental a été construit de 1730 à 1734 pour servir de résidence d'été aux abbés de Zwiefalten. Reconnaissable à ses deux pignons décorés, cet édifice élégant construit sur un promontoire abrite une galerie d'art moderne et le premier musée allemand du balai.

In eine enge Flussschleife der Donau zwängt sich die hübsche Altstadt von Munderkingen.

Munderkingen's attractive old town lies snugly cradled in a narrow bend of the Danube River.

Dans l'étroit méandre du Danube se nichent les vieux quartiers pittoresques de Munderkingen.

Das Stadtzentrum von Ehingen wurde nach schweren Bränden barock wieder aufgebaut. Am trapezförmigen Marktplatz fällt rechts das ehemalige Landtagsgebäude der vorderösterreichischen Stände und unten das bürgerliche Rathaus auf.

The centre of Ehingen was reconstructed in the baroque style after it was destroyed by two devastating town fires. To the right on the trapeze-shaped market square, you will notice the former state parliament buildings of the former Austrian authorities and below, the civic town hall.

Après avoir été détruit par les flammes, le centre d'Ehingen fut reconstruit en style baroque. Sur la place du marché en forme de trapèze, l'ancien bâtiment de l'assemblée des Etats des Marches d'Autriche (à droite) et l'hôtel de ville (vers le bas).

Schloss Erbach wurde um 1550 für den Augsburger Patrizier Hans Georg Paumgarten errichtet. Die regelmäßige Renaissanceanlage gilt als eine der vollkommensten Bauten dieser Art in Süddeutschland.

Castle Erbach was constructed for the Augsburg patrician Hans Georg Paumgarten in 1550. This uniform Renaissance building is considered one of the most perfect of its kind in the whole of southern Germany.

Le château d'Erbach fut édifié vers 1550 pour Hans Georg Paumgarten, patricien d'Augsbourg. Cet ensemble Renaissance présente un agencement régulier, l'un des plus parfaits en son genre pour le sud de l'Allemagne.

Östlich von Erbach wird in einem Teil der Donauniederung Kies abgebaut. Die aufgelassenen und mit Grundwasser gefüllten Kiesgruben sind durch schmale Dämme voneinander getrennt. Unsere bei herbstlicher Laubfärbung aufgenommene Luftaufnahme zeigt den großen Reiz dieser vom Menschen geschaffenen Landschaft.

In a part of the Danube flood plain to the east of Erbach gravel is dug up. The old gravel pits, which have been left open and have filled up with ground water, are separated from one another by narrow dams.

A l'est d'Erbach, une carrière de graviers dans la vallée du danube. Les trous remplis d'eau sont séparés les uns des autres par de petites digues.

Ohne die elegant gebogene Baumreihe wären die Felder aus der Luft langweilig. Die schräg stehende Sonne lässt das goldgelbe Laub der Bäume leuchten und wirft einen langen Schatten auf die Erde.

Without this elegant curve of trees an aerial view of the fields here would be rather boring. The oblique rays of the sun light up the golden yellow foliage and cast a long shadow on the ground.

Vue d'avion, les rangées d'arbres sinueuses rompent la monotonie des champs. Le soleil déclinant illumine le feuillage et projette de longues ombres sur le sol.

Die akkurat aufgestellten Zugmaschinen der Iveco Magirus AG sehen aus größerer Entfernung wie Spielzeugautos aus.
Der schneebedeckte Boden mildert die farblichen Kontraste ab. Seit 1931 werden im Werk Donautal bei Ulm Sattelschlepper hergestellt.

Seen from afar, the accurately parked lorry tractors of Iveco Magirus AG look just like toy cars. The Danube Valley works near Ulm have been manufacturing articulated lorries since 1931.

Soigneusement rangés, les camions de l'usine S. A. Iveco Magirus ressemblent, de loin, à des voitures miniatures. Depuis 1931, l'usine Donautal près d'Ulm fabrique des tracteurs de semi-remorques.

Die Erfindung der Lokdrehscheibe ermöglichte ein Platz sparendes Abstellen von Lokomotiven in Bahnhofsnähe.
Eine der abgestellten Dieselloks fährt auf die Drehscheibe und wird so lange gedreht, bis sie über das Anschlussgleis ins Netz abfahren kann.

The invention of the turn-plate made it possible to save space for parking train engines near stations: A diesel engine is driven onto the turn-plate and turned until it is aligned with the sidings so that it can then rejoin the railway network.

L'invention des plaques tournantes a facilité le rangement des locomotives et permis d'économiser de la place près des gares. La locomotive diesel pivote sur la plaque jusqu'à ce qu'elle soit placée dans le sens du départ.

Das Kloster Wiblingen besticht durch die fast perfekte Symmetrie seiner Architektur. Das 1093 von den Grafen von Kirchberg gestiftete Benediktinerkloster gehörte zeitweise zu den bedeutendsten Abteien Südwestdeutschlands. Mit dem Bau der heutigen Anlage wurde 1741 im Barockstil begonnen und die im Inneren klassizistisch gestaltete Kirche schließlich 1783 geweiht. Deutlich erkennt man an der Fassade die Sockel der beiden nicht mehr über das Dach hinausgeführten Türme. Das Kloster wurde 1805 aufgehoben und beherbergt heute neben einem Altenheim verschiedene Institute der Universität Ulm.

The architecture of Wiblingen Monastery is striking in its almost perfect symmetry. Established in 1093, this Benedictine monastery was, for a time, one of the most important abbeys in south-west Germany. Construction of the present buildings began in the style of the baroque in 1741. The monastery was closed down in 1805 and on the site, today, there is a home for senior citizens and various institutes owned by the University of Ulm.

L'abbaye de Wiblingen est remarquable par sa symétrie presque parfaite. Fondée en 1093, cette abbaye bénédictine fut à une époque l'une des plus importantes du sud de l'Allemagne. L'édifice actuel fut commencé en 1741 en style baroque. L'ordre a été dissous en 1805 et les bâtiments abritent désormais un foyer pour personnes âgées et divers instituts de l'université d'Ulm.

Vorhergehende Doppelseite: 1377 begannen die Arbeiten am Neubau des Ulmer Münsters, die mit der Vollendung des mit 161 Metern höchsten Kirchturms der Welt 1890 zu einem Abschluss kamen. Markante Neubauten sind das Stadthaus auf dem Münsterplatz von Richard Meier aus dem Jahr 1993 sowie die 2004 eingeweihte Zentralbibliothek mit gläserner Dachpyramide von Gottfried Böhm.

Previous double page: In 1377 construction work began on Ulm Cathedral, ending in 1890 with the completion of the highest church tower in the world (161 metres). Prominent new buildings to be found here are the cultural centre on the cathedral square, built by Richard Meier in the year 1993, and the main public library with its pyramid-shaped glass roof, constructed by Gottfried Böhm and inaugurated in 2004.

Double page précédente : Les travaux de reconstruction de la cathédrale débutèrent en 1377 et s'achevèrent en point d'orgue par la construction de la flèche la plus haute du monde en 1890 (161 m). Les bâtiments modernes les plus marquants sont le centre de culture sur la Münsterplatz (Richard Meier, 1993) et la bibliothèque centrale au toit de verre (Gottfried Böhm, 2004).

Südlich der Donau liegt das bayerische Neu-Ulm. Es wurde zu Beginn des 19. Jahrhunderts durch die Donaugrenze, die seit 1810 Württemberg und Bayern trennt, neu geschaffen. Als Ulm 1841 zur Bundesfestung erklärt und zur größten Festungsanlage Europas ausgebaut wurde, bildete Neu-Ulm den südlichen Brückenkopf. Im Zweiten Weltkrieg wurde die Stadt fast völlig zerstört. Aus den Nachkriegsbauten ragt das 1975 errichtete und bis heute umstrittene Wohn- und Geschäftshaus »Donaucenter« heraus.

South of the Danube lies Neu-Ulm, which belongs to Bavaria. During the Second World War the town was more or less completely destroyed. An outstanding and to today, controversial example of post-war architecture are the residential and business premises of the "Donaucenter" that was built in 1975.

Au sud du Danube, la ville bavaroise de Neu-Ulm fut presque entièrement détruite lors de la seconde guerre mondiale. Un bâtiment encore très controversé se dresse au milieu des constructions d'après guerre : le « Donaucenter », immeuble et centre commercial (1975).

Wiesensteig liegt nur wenig unterhalb des Ursprungs der Fils in einem engen Tal. Der optische Mittelpunkt des Ortes ist die doppeltürmige ehemalige Stiftskirche Sankt Cyriakus, ein im 18. Jahrhundert grundlegend umgestalteter Bau der Spätgotik. 1806 wurde Wiesensteig von Bayern an Württemberg abgetreten. Rechts verläuft hoch über der Stadt der Albaufstieg der Autobahn A 8.

Wiesensteig lies just a little below the source of the Fils, in a narrow valley. Optically speaking, the centre of the town is the twin-steepled, former collegiate church of Sankt Cyriakus, a late Gothic construction which was basically redesigned in the 18th century. To the right, the motorway (A 8) runs high above the town.

Wiesensteig se trouve dans une étroite vallée, non loin de la source de la Fils. Notre œil y est attiré par une ancienne collégiale gothique, comportant deux tours, Sankt Cyriakus, et totalement transformé au 18e siècle. A droite, l'A 8 passe loin au-dessus de la ville.

Auf dem Testfeld Widderstall des Zentrums für Sonnenenergie- und Wasserstoff-Forschung (ZSW) bei Merklingen werden seit 1989 Solaranlagen untersucht und demonstriert.

Since 1989 solar plants have been tested and demonstrated near Merklingen, at the Widderstall testing grounds belonging to the research centre for solar energy and hydrogen power.

Depuis 1989, les installations solaires sont contrôlées par le centre de recherche sur l'énergie solaire et l'hydrogène dans le champ d'expérimentation de Widderstall, près de Merklingen.

Die Hochfläche der Schwäbischen Alb eignet sich gut zur Nutzung der Windkraft, da es dort oben häufig »zugig« ist. Dieses moderne Windrad steht bei Türkheim südlich von Bad Überkingen.

The high plains of the Swabian Alb are particularly suitable for harnessing wind energy, as it is frequently rather "draughty" up there. This modern turbine is situated near Türkheim, to the south of Bad Überkingen.

Très venté, le haut plateau du Jura souabe fournit de l'énergie éolienne. Cette grande éolienne moderne se trouve près de Türkheim au sud de Bad Überkingen.

Vorhergehende Doppelseite: Das Randecker Maar ist vor etwa 17 Millionen Jahren durch eine vulkanische Gasexplosion entstanden, bei der vorwiegend Tuff herausgeschleudert wurde. Deutlich erkennt man den noch zu zwei Dritteln erhaltenen Kraterrand. Der Krater war ursprünglich mit einem See gefüllt, der jedoch durch die vom Zipfelbach eingeschnittene Schlucht ins Albvorland ausgelaufen ist. Das Maar hat einen Durchmesser von 1,2 Kilometern und ist 60 Meter tief. Links oben sieht man das Lindachtal mit Neidlingen.

Previous double page: The Randeck Maar came into existence around 17 million years ago as a result of a volcanic gas explosion. You can clearly recognise the crater edge, two-thirds of which is still fully intact. The maar has a diameter of 1.2 kilometres and is 60 metres deep.

Double page précédente : Le maar de Randeck a été creusé il y a environ 17 millions d'années par une explosion de gaz volcaniques. Conservés aux deux tiers, les bords du cratère sont encore bien visibles. Le maar a un diamètre de 1,2 kilomètres et 60 mètres de profondeur.

Der fast kahle Bergkegel der Limburg liegt isoliert vor dem Albtrauf und ist ein von der Erosion frei gelegter Tuffschlot des Schwäbischen Vulkans. Um die Mitte des 11. Jahrhunderts hat Herzog Berthold I. von Zähringen hier eine Burg gebaut, die aber schon gut hundert Jahre später wieder verschwunden ist.

The almost bare Limburg stands as an isolated mountain cone before the Alb cuesta scarp and is a tuff vent of the Swabian volcano. Here, around the middle of the 11th century Duke Berthold I of Zähringen had had a castle built which, however, fell to ruins and disappeared again only a good hundred years later.

A l'écart de l'Albtrauf, le dôme presque chauve du Limburg, une cheminée de tuf du volcan souabe formée par l'érosion. Au milieu du 11e siècle, le duc Berthold 1er de Zähringen y fit construire un château qui disparut une centaine d'années plus tard.

Am Rand des Neidlinger Tals erhebt sich auf einem Felsen die Ruine der Burg Reußenstein. Sie wurde Ende des 13. Jahrhunderts als Vorposten der Herrschaft Teck erbaut und mit Ministerialen besetzt. Ganz im Hintergrund erkennt man die drei »Kaiserberge« Hohenstaufen, Rechberg und Stuifen.

High up on a cliff at the edge of Neidlingen Valley stand the ruins of Reußenstein. The stronghold was built at the end of the 13th century as outposts of the rulers of Teck. Far in the background stands the three emperor mountains or "Kaiserberge"—Hohenstaufen, Rechberg and Stuifen.

Sur un rocher du bord de la vallée de Neidlingen se dresse la ruine du château féodal de Reußenstein construit à la fin du 13e siècle comme avant poste des seigneurs de Teck. Tout au fond, les trois « montagnes impériales » : Hohenstaufen, Rechberg et Stuifen.

Die Burg Teck liegt auf einem 775 Meter hohen Bergrücken zwischen den Orten Bissingen und Owen. Ursprünglich von den Herzögen von Zähringen errichtet, wurde sie um die Mitte des 12. Jahrhunderts zum Sitz der Herzöge von Teck und zum Mittelpunkt deren Herrschaft. Seit dem 19. Jahrhundert ist die Burgruine ein häufig besuchtes Ausflugsziel. Der Aussichtsturm ist 1889 entstanden, die Gebäude des vom Schwäbischen Albverein unterhaltenen Wanderheims kamen 1933 und 1955 dazu.

Teck Castle lies on a 775-metre-high mountain ridge between Bissingen and Owen. Originally built by the dukes of Zähringen, it became the seat of the dukes of Teck in the middle of the 12th century. Since the 19th century the ruins have been a popular visitors' attraction. The lookout tower was erected in 1889, the buildings of the hikers' retreat were added in 1933 and 1955.

Le château de Teck se trouve sur un éperon rocheux à 775 mètres de hauteur entre Bissingen et Owen. Construit par les ducs de Zähringen, il devint le siège des ducs de Teck. Depuis le 19e siècle, sa ruine est très visitée. La tour panoramique fut construite en 1889 et les bâtiments du gîte des randonneurs en 1933 et 1955.

Um 1225 von den Herzögen von Teck zur Stadt erhoben, wurde Kirchheim unter Teck gleichzeitig zum Mittelpunkt von deren Herrschaftsgebiet. Nach einem verheerenden Stadtbrand im Jahr 1690 wurde die Stadt auf verändertem Grundriss wieder aufgebaut. An der Kreuzung der beiden Hauptstraßen steht das zwischen 1722 und 1724 errichtete Rathaus, ein Fachwerkbau mit barockem Turmaufsatz. Dahinter schließt seit 1968 der neue Ratssaal an, links oben fällt der spätgotische Chor der Stadtkirche ins Auge.

After a devastating town fire in the year 1690 Kirchheim unter Teck was rebuilt according to different ground plans. At the main crossroads stands the town hall, a half-timbered building with a baroque tower. At the top, to the left, the late Gothic quire of the town church stands out.

Un terrible incendie ravagea Kirchheim unter Teck en 1690 et la ville fut reconstruite selon un plan différent. Au croisement des deux rues principales se trouve la mairie, bâtiment à colombages coiffé d'une tour baroque. En haut à gauche, le chœur gothique flamboyant de la Stadtkirche.

Die um 1235 vollendete romanische Stiftskirche in Faurndau geht der Sage nach auf eine Gründung des frühen 8. Jahrhunderts zurück. Der spitz aufragende Helm des massigen Kirchturms wurde in gotischer Zeit aufgesetzt. Überregional bedeutend sind die figürlichen Darstellungen an den Rundbogenfriesen der Außenfassade. Faurndau wurde 1975 nach Göppingen eingemeindet.

As legend has it, the Romanesque collegiate church in Faurndau was founded in the early 8th century.
The figures represented on the Roman arch friezes on its façade are of nation-wide significance. Faurndau became part of Göppingen in 1975.

La légende dit que la collégiale romane de Faurndau date du début du 8e siècle. On vient de loin pour admirer les personnages des frises en arceaux de la façade. Faurndau fut rattachée à Göppingen en 1975.

Wie eine stille Insel liegt das ehemalige Benediktinerkloster Lorch über dem Remstal. Es wurde 1102 von Herzog Friedrich von Schwaben gestiftet und zur Grablege der Staufer bestimmt. Direkt neben dem Kloster verlief einst die Außengrenze des Römischen Weltreiches. Der hinten sichtbare Wachtturm bezeichnet die Stelle, wo der durch einen Erdwall und Palisaden charakterisierte Obergermanische Limes mit dem Rätischen Limes, der so genannten Teufelsmauer, zusammenstieß.

Ressembling an island of calm, the former Benedictine monastery of Lorch looks over the Rems Valley. It was established by Duke Friedrich von Schwaben in 1102 and designated as the last resting place of the Staufer. Directly next to the monastery once ran the outer limits of the Roman Empire. The watchtower visible behind represents the very place where the Upper Germanic limes met the Rhaetian limes.

L'ancienne abbaye bénédictine de Lorch domine la vallée de la Rems, tel un îlot tranquille. Fondée en 1102 par le duc Friedrich von Schwaben, elle était destinée à abriter les gisants des Staufen. Les limites de l'Empire romain passaient autrefois directement à côté de l'abbaye. La tour de garde, visible dans le fond, indique l'endroit où se rejoignaient le limes germanique et le limes rhètique.

Die Burg Hohenrechberg ist der Stammsitz der Grafen von Rechberg, die 1179 als staufische Ministeriale erstmals urkundlich hervortreten. Die Burg wurde vor allem im 13. und 15. Jahrhundert errichtet. Sie ist seit 1865, als ein Blitz einen verheerenden Brand auslöste, teilweise eine Ruine. Vor der eigentlichen Burganlage erkennt man deutlich die beiden Befestigungsgräben mit der Vorburg.

The castle of Hohenrechberg is the ancestral seat of the counts of Rechberg, who were first mentioned as Staufer barons in documents in 1179. The castle was built for the most part in the 13th and 15th centuries.

Le château fort d'Hohenrechberg est le berceau des ducs de Rechberg, mentionnés pour la première fois dans des documents officiels en 1179 en tant que serviteurs des Staufen. Le château fut construit aux 13e et 15e siècles.

Das Wäscherschloss bei Wäschenbeuren gilt als früher Stammsitz des späteren Kaisergeschlechts der Staufer. Zu Beginn des 13. Jahrhunderts ist das zehn Meter hoch aufragende Mauerwerk anstelle einer wesentlich älteren Anlage errichtet worden.

The castle Wäscherschloss near Wäschenbeuren was an early ancestral seat of the imperial Staufer family. At the beginning of the 13th century ten-metre-high walls were erected to replace a significantly older construction.

Le Wäscherschloss près de Wäschenbeuren aurait été le premier siège de la future lignée d'empereurs des Staufen. Début 13e siècle, la muraille de 10 mètres de haut remplaça une enceinte beaucoup plus ancienne.

Der als markanter Zeugenberg aus dem Albvorland herausragende Hohenstaufen trug seit dem späten 11. Jahrhundert eine Burg, welche einer der wichtigsten Dynastien des europäischen Mittelalters den Namen gab. Von der Anlage sind seit der Zerstörung im Bauernkrieg 1525 nur wenige Mauerreste sichtbar.

Since the late 11th century the Hohenstaufen, a so-called Zeugenberg or "witness" mountain rising prominently out of the Alb foreland, has had upon its top a castle, which gave its name to one of the most important dynasties of mediaeval Europe.

Le château féodal d'Hohenstaufen, qui a donné son nom à l'une des plus importantes dynasties européennes du Moyen-âge, trône depuis la fin du 11e siècle sur une impressionnante montagne-témoin préjurassienne.

Zwischen Wißgoldingen und Tannweiler erhebt sich der 628 Meter hohe Schönberg. Er ist von landwirtschaftlich genutzten Flächen umgeben, trägt selbst jedoch Magerwiesen und eine Wacholderheide. Auf unserem Bild ist eine Schafherde zur Beweidung auf dem Berg. Ohne sie würde sich diese für die Schwäbische Alb so charakteristische Landschaftsform durch Verbuschung rasch verändern.

The 628-metre-high Schönberg rise up between Wißgoldingen and Tannweiler. It is surrounded by cultivated land though, on the mountain itself, sparse fields and a juniper heath are to be found. In our picture there is a flock of sheep grazing on the Schönberg.

Le Schönberg (628 m) se dresse entre Wißgoldingen et Tannweiler. Couvert de prés maigres et d'une lande de genévriers, il est entouré de terres agricoles. Des moutons paissent sur ses flancs.

In Weißenstein bilden die Pfarrkirche Sankt Maria und das Schloss ein bemerkenswertes Architekturensemble. Hoch über dem Ort liegt an der Stelle einer mittelalterlichen Burg das von den Grafen von Rechberg errichtete Schloss. Die im 15. Jahrhundert erbaute Anlage wurde später im Renaissancestil umgebaut und erweitert. Die an die frühere Stadtmauer angelehnte gedeckte Treppe führt vom Schloss hinunter zur Stadtpfarrkirche. Weißenstein liegt in einem engen Seitental der Donzdorfer Lauter und gehört heute zur Gemeinde Lauterstein.

In Weißenstein the parish church of Sankt Maria and the castle together form a noteworthy architectural ensemble. High over the town, where once stood a mediaeval stronghold, lies the castle that was built by the counts of Rechberg. Weißenstein lies in a narrow lateral valley of the Donzdorf Lauter and today belongs to the community of Lauterstein.

A Weißenstein, l'église paroissiale Sankt Maria et le château construit par les ducs de Rechberg forment un ensemble architectural remarquable. Le château se trouve au dessus du village, à l'emplacement d'un ancien château fort. Weißenstein (commune de Lauterstein) est située dans l'étroite vallée d'un affluent de la Donzdorfer Lauter.

Vorhergehende Doppelseite: Zwischen Geislingen und Donzdorf breitet sich die bis zu 749 Meter hoch aufragende Albhochfläche aus.
Neben dem weithin sichtbaren Fernmeldeturm der Telekom befindet sich die 1945 eingerichtete Wetterstation Stötten. Im Hintergrund sieht man das Lautertal mit Donzdorf sowie das Albvorland. Der Hohenstaufen, der Rechberg und der Stuifen sind als Zeugenberge dem Albtrauf vorgelagert.

Previous double page: Between Geislingen and Donzdorf the Alb uplands stretch out, rising up to 749 metres. In the background the Lauter Valley and Donzdorf can be seen, as well as the Alb foreland with the three "Kaiserberge" or "emperor mountains".

Double page précédente : Entre Geislingen et Donzdorf s'étend le haut plateau du jura (749 m). Au fond, la vallée de la Lauter, Donzdorf et les contreforts du Jura ainsi que les trois « montagnes des impériales »

In den 1980er-Jahren wurde der Albaufstieg der Autobahn A 8 völlig neu trassiert und auf sechs Fahrspuren ausgebaut. Links unten ist ein Teil von Aichelberg zu sehen, darüber der 609 Meter hohe Turmberg. Im Hintergrund verschwindet die Autobahn bei Gruibingen ins obere Filstal.

In the 1980s the motorway (A 8) Alb ascent was completely re-routed and widened to include six lanes. Below and to the left, a part of Aichelberg is to be seen and above it, the 609-metre-high Turmberg.
In the background the motorway disappears into the upper Fils Valley near Gruibingen.

Dans les années 1980, la montée de l'autoroute A 8 a été entièrement refaite et compte maintenant six voies. En bas à gauche, une partie d'Aichelberg, et au-dessus le Turmberg (609 m).
A l'arrière-plan, l'autoroute disparaît dans la haute vallée de la Fils, au niveau de Gruibingen.

Der Albaufstieg zwischen Geislingen und Amstetten folgt dem Rohrachtal, das mit zunehmender Höhe immer enger wird. Im Talgrund verläuft der uralte Handelsweg, darüber die sanft ansteigende moderne Fahrstraße und noch höher die 1850 eröffnete »Geislinger Steige«. Mit 6,7 Prozent Steigung war sie die erste in Europa gebaute Gebirgsbahn.

The Alb ascent between Geislingen and Amstetten follows the Rohrach Valley, which becomes narrower and narrower as it gets higher. Along the valley floor runs the ancient trade route, above that, the gently climbing modern road and yet higher up, the "Geislinger Steige", which was opened in 1850. With a gradient of 6.7 per cent it represents the first mountain railway line in Europe.

La route monte entre Geislingen et Amstetten, longeant la vallée de Rohrach qui devient de plus en plus étroite. Au fond de la vallée, la séculaire route du commerce et, au-dessus, une route plus récente en pente douce. Plus haut encore, la « Geislinger Steige » qui, avec sa pente de 6,7 pour cent, fut la première ligne de chemin fer de montagne en Europe (1850).

Bei Geislingen vereinigen sich vier enge Albtäler zu einem weiten Talkessel, der sich zum unteren Filstal hin öffnet. Im Hintergrund sieht man auf halber Höhe die Ruine der Burg Helfenstein. Der historische Ortskern von Geislingen liegt direkt darunter am Ausgang des oberen Filstals. Davor fällt das großflächige Werksgelände des Traditionsunternehmens WMF ins Auge.

In Geislingen four narrow valleys of the Alb unite to form a wide, deep circular valley, which opens up towards the lower Fils Valley. In the background, half way up, the ruins of Helfenstein can be seen and directly below, the historical town of Geislingen. The large factory grounds of the traditional concern WMF stand out in the foreground.

Quatre vallées jurassiennes confluent à Geislingen formant une large cuvette qui s'ouvre vers la basse vallée de la Fils. Au fond, à mi pente, la ruine du château d'Helfenstein et, juste au-dessous, le centre historique de Geislingen. Au premier plan, les bâtiments de WMF, entreprise avec une longue tradition

Das nordöstlich von Ulm an der Nau gelegene Langenau ist an der Nahtstelle zwischen Donauried und Schwäbischer Alb entstanden. Die seit 1377 zu Ulm gehörende Stadt war seit dem Spätmittelalter ein Zentrum der Leinenherstellung und später ein überregional bedeutender Fruchtmarkt. Die Allee im Vordergrund zeigt den Verlauf der einstigen Stadtmauer an.

Situated on the Nau, to the north-east of Ulm, Langenau developed on the boundaries between the Danube marshland and the Swabian Alb. The town has been a linen manufacturing centre since the late Middle Ages and later became well-known nationally for its fruit market. The avenue in the foreground traces out where once the town wall stood.

Langenau est située sur les rives de la Nau, au nord-est d'Ulm, à la jonction du Jura souabe et de la plaine du Danube. Haut lieu de la transformation du lin, et ce depuis la fin du Moyen Âge, la ville dut ensuite sa prospérité à la commercialisation des fruits. L'allée située au premier plan suit le tracé de l'ancienne enceinte.

Entlang der Donau sind infolge von Kiesabbau zahlreiche Seen entstanden. Sie sind teilweise als Badeseen ausgewiesen. Dieser See bei Elchingen ist bewirtschaftet und der Badebetrieb überwacht.

Along the Danube numerous lakes have arisen where gravel works were once situated. Some of them are su table for bathing. This lake near Elchingen is commercially run and bathing here is supervised.

Le long du Danube, l'extraction de gravier a formé de nombreux lacs dans lesquels on peut se baigner. Ici, à Elchingen, la baignade est organisée et surveillée.

Steinheim am Albuch liegt im so genannten Steinheimer Becken, einem vor etwa 14 Millionen Jahren durch Meteoriteneinschlag entstandenen Krater. Der Meteorit hatte schätzungsweise einen Durchmesser von etwa 80 Metern. Noch heute liegt die Kratersohle um etwa 100 Meter tiefer als die umgebende Albhochfläche. Im Vordergrund ist der Ortsteil Sontheim im Stubental zu sehen, wo ein Meteorkratermuseum die Geologie des Beckens erklärt.

Steinheim am Albuch lies in the so-called Steinheim Basin, a crater which was created by a meteorite about 14 million years ago. The meteorite is estimated as having had a diameter of around 80 metres. Today the bottom of the crater lies approximately 100 metres lower than the surrounding Alb uplands.

Steinheim am Albuch se trouve dans le « Steinheimer Becken », un cratère creusé il y a environ 14 millions d'années par la chute d'une météorite dont le diamètre est estimé à 80 mètres. Aujourd'hui encore, le fond du cratère se trouve à 100 mètres au-dessous du niveau du plateau jurassien qui l'entoure.

Das Wental zwischen Bartholomä und Steinheim ist ein Trockental mit bizarren Felsformationen. Das gleichnamige Naturschutzgebiet ist ein beliebtes Ausflugsziel und durch einen 13 Kilometer langen Rundweg touristisch erschlossen.

The Wen Valley between Bartholomä and Steinheim is a dry valley full of rock formations, which are particularly bizarre. This nature reserve is a popular visitors' attraction, accessible as part of a 13-kilometre-long circular walk.

La vallée de la Wen, entre Bartholomä et Steinheim, est une vallée sèche avec des formations rocheuses parfois très étranges. Cette réserve naturelle et son circuit de 13 kilomètres sont un lieu de promenade très apprécié.

Der Rosenstein ist ein Albrandberg östlich von Heubach, der nur noch über einen schmalen Rücken Verbindung zur Albhochfläche hat. Die wohl im frühen 12. Jahrhundert entstandene Burg Rosenstein wurde 1524 aufgegeben und als Steinbruch genutzt. Vom Palas aus der Zeit um 1230 ist eine Wand erhalten. Im Hintergrund sieht man den 164,8 Meter hohen Fernsehturm zur Übertragung von TV- und UKW-Programmen.

The Rosenstein is a border mountain of the Alb situated to the east of Heubach and only connected to the Alb uplands by a narrow ridge. Probably built in the early 12th century, the Rosenstein stronghold was abandoned in 1524 and used as a quarry. In the background you can see the 164.8-metre-high television tower that serves for broadcasting TV and VHF programmes.

A la limite du Jura, à l'est d'Heubach, la Rosenstein n'est plus reliée au plateau jurassien que par une mince crête. Le château de Rosenstein, probablement construit au début du 12e siècle, fut abandonné en 1524 et servit ensuite de carrière de pierres. Au lointain, la tour de la télévision (164,8 m), qui diffuse des programmes de télévision et de radio (ondes courtes).

Schwäbisch Gmünd war ursprünglich eine Landstadt im Besitz der Staufer, stieg jedoch nach deren Niedergang noch vor 1300 zur Reichsstadt auf. Mit dem Bau des mächtigen Heilig-Kreuz-Münsters wurde zu Beginn des 14. Jahrhunderts begonnen. Es gilt daher als älteste Hallenkirche Süddeutschlands. Dahinter erkennt man den Prediger, das 1294 erstmals genannte und später barock umgebaute Dominikanerkloster. Rechts davon steht die spätromanische Johanneskirche, die wegen ihrer klaren Architektur und dem figürlichen Reliefschmuck zu den wichtigsten Bauten dieses Stils im deutschen Südwesten gehört.

Schwäbisch Gmünd was originally a regional town belonging to the Staufer. However, shortly before their decline, yet prior to 1300, it rose in status to an old German Reich town. Construction work on the mighty Heilig-Kreuz-Münster started at the beginning of the 14th century. Visible behind this building you will recognise the Prediger, a Dominican monastery which was first mentioned in documents in 1294. To the right of this stands the late Romanesque church Johanneskirche, which is one of the most prominent buildings in this style in south-west Germany.

Le bourg de Schwäbisch Gmünd appartenait autrefois aux Staufen, et après leur déclin, vers 1300, elle fut promue au rang de ville impériale. La construction de l'imposante cathédrale Heilig-Kreuz fut entreprise au début du 14e siècle. Derrière, on aperçoit le Prediger, un couvent dominicain mentionné en 1294, qui fut plus tard transformé dans le style baroque. A sa droite, la Johanneskirche, une des plus importantes églises style roman tardif du sud de l'Allemagne.

Trotz einer Vielzahl von Neubauten ist im Stadtbild von Aalen noch immer der trapezförmige Grundriss des historischen Zentrums zu erkennen. Die ab 1765 in spätbarocken Formen neu erbaute Stadtkirche ist ein seltenes Beispiel protestantischen Kirchenbaus dieser Zeit. Während der Römerzeit lag in unmittelbarer Nähe ein Kastell für 1 000 Reiter, das damit eines der größten Militärlager am Rätischen Limes war.

Despite the large number of new buildings in Aalen, the trapeze-shaped ground-plans of the historical old town is still recognisable here. Newly built after 1765 in late baroque style, Aalen's town church is a rare example of Protestant church construction of the period.

Malgré le grand nombre de nouveaux bâtiments, on peut encore voir le plan historique d'Aalen, en forme de trapèze. La nouvelle église, construite en 1765 dans le style baroque tardif est un rare exemple d'architecture sacrale protestante de l'époque.

Auf dem Breitwang bei Bopfingen wurde 1954 zunächst eine Moto-Cross-Strecke angelegt. Die im Bild sichtbare Kartrennstrecke kam 1972 hinzu. Deutlich sieht man den Reifenabrieb in den engen Kurven. Die Fahrbahn ist sieben Meter breit und hat eine Gesamtstreckenlänge von 860 Metern. An Sonn- und Feiertagen steht die Anlage als Verkehrsübungsplatz zur Verfügung.

On the Breitwang near Bopfingen first a motocross racing course was built in 1954. Then, in 1972, the go-cart course (depicted here) was added.

En 1954, une piste de motocross a été aménagée sur le Breitwang près de Bopfingen. La piste de Karts que l'on voit ici a été rajoutée en 1972.

Der 668 Meter hohe Ipf bei Bopfingen ist ein Zeugenberg vor dem Albtrauf und besticht durch seine regelmäßige Form. Fast der gesamte Bergkegel ist völlig kahl oder von Wacholderheiden bedeckt. Das Gipfelplateau umgibt ein deutlich sichtbarer Doppelwall der Hallstattzeit. Der Blick von seinem Gipfel eröffnet ein weites Panorama: in östlicher Richtung über das gesamte Ries und im Norden bis zum Hesselberg.

The 668-metre-high Ipf near Bopfingen is a "Zeugenberg" that rises up before the "Albtrauf" and is outstanding due to its regular shape. The summit plateau is surrounded by a clearly visible double mound dating back to the Hallstatt period. The view from the top opens up a wide panorama: to the east, over the whole of the Ries and to the north, as far as the Hesselberg.

Près de Bopfingen, l'Ipf (668 m) est une montagne-témoin de l'Albtrauf dont la forme harmonieuse séduit. Le plateau situé au sommet est entouré d'une double enceinte clairement visible de la période d'Hallstatt. La vue du sommet offre un vaste panorama: à l'ouest sur l'ensemble du Ries et au nord jusqu'à l'Hesselberg.

In dem riesigen, durch einen Meteoriteneinschlag entstandenen Rieskrater liegt Nördlingen. Die ehemalige Reichsstadt gehört zu den wenigen Städten in Deutschland, die ihr historisches Stadtbild fast unversehrt bewahren konnten. 1327 wurde durch Herzog Ludwig von Bayern eine neue Mauer kreisrund um die Stadt gezogen, welche vollständig erhalten ist. Auf dem Luftbild erkennt man als optischen Mittelpunkt die spätgotische Georgskirche mit ihrem 90 Meter hohen Turm, dem so genannten »Daniel«.

Nördlingen lies in the gigantic Ries crater caused by a meteorite. This former old German Reich town is one of the few towns in Germany that has been able to fully retain its historical centre. From the air, the focal point is the late Gothic church Georgskirche with its 90-metre-high spire known as "Daniel".

Nördlingen se trouve dans l'énorme cratère creusé par une météorite. L'ancienne ville impériale appartient aux rares villes allemandes qui ont gardé leur aspect d'antan. La vue d'avion nous permet de repérer l'église gothique flamboyant (Georgskirche) et sa tour de 90 mètres surnommée le « Daniel ».

Die hoch über der Jagst gelegene Kapfenburg war einst eine Kommende des Deutschen Ritterordens. Deutlich kann man die Hauptburg und die Vorburg unterscheiden. Ihr Erscheinungsbild wird heute im Wesentlichen durch die Bauten der Renaissance und des Barocks geprägt.

Standing high over the Jagst, Kapfenburg was once the regional headquarters of a German order.

Sur les hauteurs de la Jagst, Kapfenburg était autrefois une commende de l'Ordre des chevaliers teutoniques.

Das 1106 gegründete Benediktinerkloster Neresheim ist ein eindrucksvolles Ensemble aus Klosterkirche, Klausurgebäude und Wirtschaftshof. Die 1745 nach Plänen von Balthasar Neumann begonnene Kirche gehört zu den großartigsten Schöpfungen des Barock im deutschen Südwesten.

Founded in 1106, the Benedictine monastery of Neresheim is an impressive ensemble comprising of monastic church, buildings of seclusion and working quarters.

L'abbaye bénédictine fondée en 1106 est un ensemble impressionnant composé de l'abbatiale, du cloître et du domaine.

Zwischen Dischingen und Trugenhofen liegt Schloss Taxis. Seit 1734 ist es im Besitz der Fürsten von Thurn und Taxis, die es als Sommerresidenz nutzen. Ein Teil der Gebäude wurde 1840 im Stil der englischen Neugotik umgestaltet, erkennbar an den vielen Zinnen.

Between Dischingen and Trugenhofen lies Castle Taxis. Since 1734 it has been owned by the Princes of Thurn and Taxis, who use it as their summer residence.

Entre Dischingen et Trugenhofen se trouve le château de Taxis, résidence d'été des comtes de Thurn et de Taxis depuis 1734.

Das auf einem Bergkegel thronende Schloss Baldern geht auf eine Burg der Stauferzeit zurück, deren unregelmäßiger Grundriss aus der Luft gut zu erkennen ist. In der ersten Hälfte des 18. Jahrhunderts ließen die Grafen von Oettingen die Burganlage zu einem repräsentativen Barockschloss ausbauen.

Upon a mountain cone reigns Baldern Castle, dating back to a stronghold of the Staufer period, the irregular form of which is clearly visible from the air.

Le château de Baldern trône au sommet d'une montagne à l'emplacement d'une ancienne place forte des Staufen dont la vue aérienne dévoile le plan irrégulier.

Die Geschichte der Burg Katzenstein reicht bis ins 11. Jahrhundert zurück. Die Burg besitzt in ihrer Kapelle überregional bedeutsame Wandmalereien.

The origins of Castle Katzenstein go right back to the 11th century. With its chapel, the castle has murals that are of national historical significance.

L'histoire du château de Katzenstein remonte au 11e siècle. Dans sa chapelle se trouvent des peintures murales renommées.

Einer alten Tradition folgend brennt ein Bauer
auf der Albhochfläche die Stoppeln eines
abgeernteten Weizenfeldes ab.

Following an old tradition, a farmer on the Alb
uplands burns off the stubble of a wheat field
that has just been harvested.

Selon une tradition ancestrale, un agriculteur des
hauts plateaux du Jura brûle le chaume après
la moisson du blé.

Das Ausbringen von Gülle auf ein
schneebedecktes Feld kann einen
großen optischen Reiz haben.

Spreading out liquid manure
on a snow-covered field
can be attractive to the eye.

L'épandage de purin sur un champ
enneigé peut créer un effet optique
intéressant.

Nach dem Zweiten Weltkrieg wurde Oberkochen zu einem Produktionszentrum für optische Geräte und erlebte dadurch einen enormen Aufschwung. Amerikanische Truppen hatten nach der Besetzung des 1846 in Jena von Carl Zeiss gegründeten Unternehmens für Feinmechanik und Optik einen Teil der Führungskräfte in den Westen mitgebracht und zur Gründung der »Optischen Werke Oberkochen« ermuntert. Beide Unternehmen wurden nach der Wende 1990 wieder in einer Hand vereinigt. Die Carl Zeiss AG beschäftigt derzeit weltweit mehr als 13 000 Menschen.

After the Second World War Oberkochen developed into a centre for the production of optical instruments and equipment, thereby experiencing enormous growth. At present, the Carl Zeiss AG employs more than 13,000 people world-wide.

Après la seconde guerre mondiale, Oberkochen connut une forte expansion grâce à la production de matériel d'optique. La S.A. Carl Zeiss emploie actuellement plus de 13 000 personnes.

Südlich von Heidenheim liegt am Ortsrand von Mergelstetten das Zementwerk der Schwenk Zement KG. Es wurde 1901 in Betrieb genommen und bezieht seinen Rohstoff direkt aus einem benachbarten Steinbruch. Rechts oben erkennt man neben der Bahnstrecke Heidenheim–Ulm den werkseigenen Bahnanschluss und die Abfüllanlage für die Waggons. Das 1847 gegründete Unternehmen gehört zu den bedeutendsten Baustoffherstellern Deutschlands.

On the edge of Mergelstetten, south of Heidenheim, lies the cement works of Schwenk Zement KG. It was started up in 1901 and gets its raw materials directly from a neighbouring quarry.

La cimenterie de la Schwenk Zement KG se trouve au sud d'Heidenheim, à la sortie de Mergelstetten. Entrée en service en 1901, elle tire sa matière première d'une carrière voisine.

Die schon im 11. Jahrhundert über dem Brenztal gegründete Burg Hellenstein wurde um 1600 von Herzog Friedrich von Württemberg zu einer stark befestigten Renaissance-Residenz ausgebaut. Das älteste Gebäude in Heidenheims Stadtzentrum ist die rechts am Berghang stehende Michaelskirche. Das Stadtbild wird vor allem vom 1972 errichteten hoch aufragenden Rathaus dominiert. Ein Blickfang sind ferner die von Bäumen umgebene Pauluskirche von 1897 sowie hinten links das Konzerthaus.

Founded back in the 11th century and overlooking the Brenz Valley, Burg Hellenstein stands high above Heidenheim. It was extended and strongly reinforced in 1600 by Herzog Friedrich von Württemberg to serve as a Renaissance residence. The townscape is dominated above all by the towering town hall that was built in 1972.

Le château d'Hellenstein, érigé au 11e siècle au-dessus de Heidenheim et de la vallée de la Brenz, fut transformé par le duc Frédéric de Wurtemberg en résidence fortifiée style Renaissance vers 1600. La ville est dominée par l'hôtel de ville à la silhouette élancée construit en 1972.

Südlich von Herbrechtingen durchfließt die Brenz das Eselsburger Tal. Es gehört zu den landschaftlich schönsten Gegenden der Schwäbischen Alb. Die aus der Heidelandschaft hervorbrechenden Kalkriffe geben dem als Naturschutzgebiet ausgewiesenen Tal einen besonderen Charakter. Am linken Bildrand erkennt man unmittelbar neben der Straße zwei Felsnadeln, die so genannten »Steinernen Jungfrauen«.

South of Herbrechtingen the Brenz flows through the Eselsburg Valley and this is one of the most beautiful landscapes of the Swabian Alb. On the left-hand edge of the picture, directly next to the street, you will recognise two monoliths, the so-called "Steinernen Jungfrauen" or "stony virgins".

Au sud d'Herbrechtingen, la Brenz coule dans la vallée d'Eselsburg, l'un des coins les plus pittoresques du Jura souabe. A gauche, sur le bord de la route, deux pitons rocheux surnommés « les vierges de pierre »

Das um 1150 staufisch gewordene Giengen an der Brenz konnte im Lauf des 14. Jahrhunderts zur Reichsstadt aufsteigen und kam 1802 an Württemberg. Die imposante doppeltürmige Stadtkirche wurde nach einem schweren Stadtbrand im 17. Jahrhundert wieder aufgebaut und vereinheitlicht. Dennoch haben die Turmhauben ihre reizvolle Verschiedenartigkeit bewahrt. Das mit einem kleinen kupfergedeckten Dachreiter versehene Rathaus an der Hauptstraße ist 1667/68 entstanden. Giengen ist überregional vor allem durch die Spielwarenfabrik von Margarete Steiff bekannt geworden.

Giengen an der Brenz became owned by the Staufer in 1150. In the course of the 14th century it gained the status of an old German Reich town and passed into Württemberg hands in 1802. The town has become known outside the region above all due to the Margarete Steiff toy factory here.

La ville de Giengen an der Brenz, qui appartenait aux Staufen depuis 1150, devint ville impériale au 14e siècle et passa aux mains des Wurtemberg en 1802. Sa fabrique de jouets (Margarete Steiff) lui confère un rayonnement supra régional.

An der Stelle einer ehemaligen Wasserburg ließen Bernhard von Westernach und seine Gemahlin Margarethe von Knöringen 1531 das noch heute bestehende Schloss Bächingen erbauen. Seine vollkommen regelmäßige Gestalt gehört zu den frühesten Beispielen der Renaissancearchitektur in Süddeutschland.

In 1531 Bernhard von Westernach and his wife Margarethe von Knöringen had this castle built where once stood a castle surrounded by moats. With its perfectly regular form, Schloss Bächingen is one of the earliest examples of Renaissance architecture in South Germany.

A l'emplacement d'une ancienne forteresse entourée d'eau, Bernhard von Westernach et son épouse Margarethe von Knöringen ont fait construire en 1531 l'actuel château de Bächingen. Sa forme parfaitement régulière est un des premiers exemples de l'architecture de la Renaissance du sud de l'Allemagne.

Auf fast quadratischem Grundriss entstand die Oberstadt von Günzburg ab 1300 als österreichische Gründung. Der die Stadt in zwei Hälften teilende straßenartige Marktplatz besitzt eine ganze Reihe markanter Giebelhäuser. Rechts oben erkennt man das ehemalige Schloss der Habsburger mit Hofkirche, Münze und Piaristenkolleg.

Almost square in its layout, Günzburg's upper town dates back to 1300 and was founded by Austrian rulers. The market square, which is street-like in shape, divides the town into two parts and possesses a whole row of striking gabled houses. At the top, right-hand side you can see the former Hapsburg castle with its church.

La centre ville de Günzburg a été construite par les Autrichiens à partir de 1300, sur un plan pratiquement carré. La Place du Marché, telle une rue qui partagerait la ville en deux parties, présente une série de maisons à pignon remarquables. En haut à droite, l'ancien château des Habsbourg et sa chapelle

Bei Faimingen mündet die Brenz nach etwa 50 Kilometer langem Lauf in die Donau. Auf dem Bild sieht man im Hintergrund die zur Energiegewinnung zu einem See aufgestaute Donau und an der von rechts einmündenden Brenz den Ort Faimingen.

After flowing for about 50 kilometres the Brenz joins the Danube near Faimingen. In the background of the photo the Danube can be seen, dammed up to create a lake for producing energy, and on the right, where the Brenz flows into the Danube, the village of Faimingen.

Près de Faimingen, la Brenz se jette dans le Danube après avoir parcouru 50 km. A l'arrière-plan, un barrage électrique sur le Danube. Au confluent du Danube et de la Brenz (à droite), la commune de Faimingen

Im Jahr 2002 wurde bei Günzburg direkt neben der Autobahn das weltweit vierte Legoland eröffnet. Auf 13 Hektar können die Besucher 45 verschiedene Attraktionen sehen und erleben. Sowohl die Zufahrtsstraßen als auch die Parkplätze sind auf eine große Zahl von Besuchern vorbereitet, denn jährlich werden mehr als 1,3 Millionen Gäste erwartet. Den besten Überblick über das Freizeitgelände hat man vom 65 Meter hohen Aussichtsturm.

In 2002 the world's fourth Legoland was opened just off the motorway near Günzburg. On grounds, covering an area of 13 hectares, visitors can see and experience 45 different attractions. Both the road access and the parking facilities sufficiently provide for a great number of visitors—for more than 1.3 million guests are expected here each year. The best view over the entire leisure grounds is to be had from the 65-metre-high lookout tower.

En 2002, à Günzburg, près de l'autoroute, a été ouvert le quatrième Legoland au monde, un parc de 13 hectares où les visiteurs peuvent profiter de 45 attractions différentes. Les routes d'accès et les parkings sont prévus pour un très grand nombre de personnes car on compte chaque année sur plus de 1,3 millions d'entrées. De la tour panoramique de 65 mètres, la vue sur l'ensemble des installations est excellente.

Lauingen an der Donau geht zwar auf eine staufische Gründung zurück, war aber seit dem 13. Jahrhundert im Besitz verschiedener Linien der Wittelsbacher. Ihr Schloss an der südwestlichen Ecke der Stadt war ursprünglich Residenz, dann Witwensitz und schließlich 1707 Brauerei. Heute beherbergt es ein Pflegeheim. Die imposante Pfarrkirche Sankt Martin beherrscht seit dem frühen 16. Jahrhundert die Silhouette der Stadt und diente einst als Grablege der Herzogsfamilie.

Although Lauingen on the Danube was founded by the Staufer, since the 13th century it has been owned by different members of the Wittelsbacher line. The castle at the south-western corner of the town was originally the family residence, then later a widow's seat and finally, in 1707, a brewery. The imposing parish church Sankt Martin has dominated the town silhouette since the early 16th century.

Depuis le 13e siècle, Lauingen an der Donau a appartenu successivement à plusieurs lignées des Wittelsbach. Au sud-ouest de la ville, leur château et résidence devint plus tard « siège des veuves », puis brasserie en 1707. L'imposante église paroissiale Sankt Martin domine la ville depuis le début du 16e siècle.

Aus der Luft ist die regelmäßige Vierflügelanlage von Schloss Höchstädt besonders eindrucksvoll. Herzog Philipp Ludwig von Pfalz-Neuburg hat den Renaissancebau ab 1589 durch Bauhandwerker aus Graubünden errichten lassen. Die Schlosskapelle wurde nach dem Vorbild der Sixtina in Rom ausgemalt. Nachdem es lange Zeit als Amtsgericht, Finanzamt und Altersheim gedient hat, ist das Schloss in jüngster Zeit vorbildlich restauriert worden und steht nun Besuchern offen.

The regular shaped, four-winged Castle Höchstädt is particularly impressive when viewed from the air. This Renaissance building was constructed under Duke Philipp Ludwig of Pfalz-Neuburg from 1589 onwards by construction workmen from Graubünden. The castle has recently undergone perfect restoration and is now open to the public.

Vu d'avion, le château d'Höchstädt est particulièrement impressionnant avec ses quatre ailes régulières. Le duc Philipp Ludwig von Pfalz-Neuburg a fait construire cet édifice Renaissance par des artisans des Grisons, à partir de 1589. Récemment restauré, l'édifice peut être visité.

Noch heute strahlt Dillingen den Glanz einer ehemaligen Residenzstadt des Hochstifts Augsburg aus. Etwa 150 Jahre lang war hier der Sitz des Bischofs. Mitte des 16. Jahrhunderts wurde die Universität gegründet und den Jesuiten übergeben. Die mächtigen Bauten der geistlichen Institutionen, in denen heute die Akademie für Lehrerfortbildung untergebracht ist, bilden zusammen mit der Studienkirche im Vordergrund ein großzügiges Ensemble. Das darüber sichtbare Schloss geht auf eine Wehranlage des 10. Jahrhunderts zurück und erhielt seine heutige Gestalt in der Renaissancezeit.

To the present day Dillingen has retained the flair and splendour of a former residential town of the Augsburg episcopate. It had been the bishop's seat for around 150 years. In the middle of the 16th century the university was founded where today the Teachers' Academy for further training is now situated.

Dillingen, ancienne résidence du Haut Collège d'Augsburg, a conservé la splendeur d'une ville qui fut durant 150 ans le siège épiscopal. L'université, qui abrite aujourd'hui un organisme de formation continue pour enseignants, fut fondée au cours du 16e siècle.

Eine Sandbank in der Donau dient zahlreichen Kanuten als Rastplatz.

A sandbank in the Danube serves as a resting place for many canoeists.

Les canoës font souvent halte sur les bancs de sable du Danube.

1. Auflage 2005

Übersetzung ins Englische:
Hamida Aziz, Tübingen.
Übersetzung ins Französische:
Claudine und Jürgen Bartelheimer, La Menitré.
Umschlaggestaltung: Frank Butzer, Tübingen.
Karte: Anette Wenzel, Tübingen.
Druck: Gulde-Druck, Tübingen.
Printed in Germany.

ISBN-10: 3-87407-670-9
Ab 2007 ISBN-13: 978-3-87407-670-8

Manfred Grohe dankt seinen langjährigen Piloten Erwin Gamerdinger, Helmut Vogt und Thomas Bock für ihren engagierten Einsatz. Er fotografierte die Bilder aus einmotorigen Flugzeugen der Flugsportvereine Mössingen und Unterjesingen und aus der privaten Maschine von Jochen Haug. Gestartet wurde von den Flugplätzen Poltringen, Farrenberg und Donaueschingen.

Einbandvorderseite:
Hoch in den Lüften über dem Rossberg.
Am Horizont dampfen die Kühltürme des Kernkraftwerks Gundremmingen an der Donau.
Einbandrückseite:
Bei Beuron schlängelt sich das Tal der Donau durch die Schwäbische Alb.
Vorderes Vorsatzblatt:
Das Durchbruchstal der Donau durch die Schwäbische Alb gehört zu den eindrucksvollsten Landschaftsbildern in Südwestdeutschland. Der Fluss hat sich bis zu 200 Meter in die Albhochfläche eingegraben. Inmitten einer großen Schleife der Donau liegt auf dem abgeflachten Gleithang die Benediktinererzabtei Beuron. Im Hintergrund sieht man links hoch über dem Tal Schloss Werenwag.
Die teilweise mächtig aufragenden Kalkfelsen geben dem Tal einen besonderen Reiz.
Seite 1:
Auch ein Flugzeug muss mal tanken.
Das Fotografenflugzeug beim Tankstopp auf einer von Rapsfeldern umgebenen Landepiste.
Seite 2:
Malerisch im felsigen Donautal liegt Gutenstein, dessen erste Erwähnung in die Zeit kurz nach 1200 zurückreicht. Die auf einem Felssporn stehende Burg eines Ministerialengeschlechts gab dem Dorf den Namen. Sie wurde im 18. Jahrhundert zu dem heutigen Schloss ausgebaut. An mehreren Stellen stoßen die Felsen unmittelbar an die Donau und die Straße muss in abenteuerliche Tunnel ausweichen.

Cover:
High up in the air above the Rossberg. On the horizon stands the steam-emitting cooling towers of the atomic power station of Gundremmingen, located on the Danube.
Back cover:
At Beuron the Valley of the Danube coils its way through the Swabian Alb.
Front inside cover:
The transverse valley of the Danube that cuts through the Swabian Alb is the one of the most impressive landscapes in south-west Germany. In the middle of a big bend in the river, upon the flattened slip-off slope, lies the Benedictine abbey of Beuron.
Page 1:
Aeroplanes also require a refill from time to time. Manfred Grohe's plane refuelling on a landing strip surrounded by fields of rapeseed.
Page 2:
A picturesque sight in the rocky Danube Valley is Gutenstein, the existence of which is documented as dating back to just after 1200. In several places the craggy slopes themselves form the banks of the Danube so that the roads there are forced to tunnel their way adventurously through the rock.

Couverture:
Vue aérienne du Rossberg. A l'horizon les tours de refroidissement de la centrale nucléaire de Gundremmingen.
Quatrième de couverture:
Près de Beuron la vallée du Danube serpente à travers le jurassique souabe.
Page de garde avant:
La percée du Jura souabe par le Danube est un des paysages les plus impressionnants du sud ouest de l'Allemagne. Dans la courbe d'un large méandre du fleuve, l'abbaye bénédictine de Beuron.
Page 1:
L'avion de Manfred Grohe fait le plein sur une piste d'atterrissage entourée de champs de colza.
Page 2:
Gutenstein, village pittoresque de la vallée rocheuse du Danube, est mentionné pour la première fois autour de 1200. A plusieurs endroits, les falaises effleurent le Danube et la route se faufile sous des tunnels.

Flug über Donau und Schwäbische Alb

Flight over the Danube and the Swabian Alb

Vol au-dessus du Danube et du Jura souabe

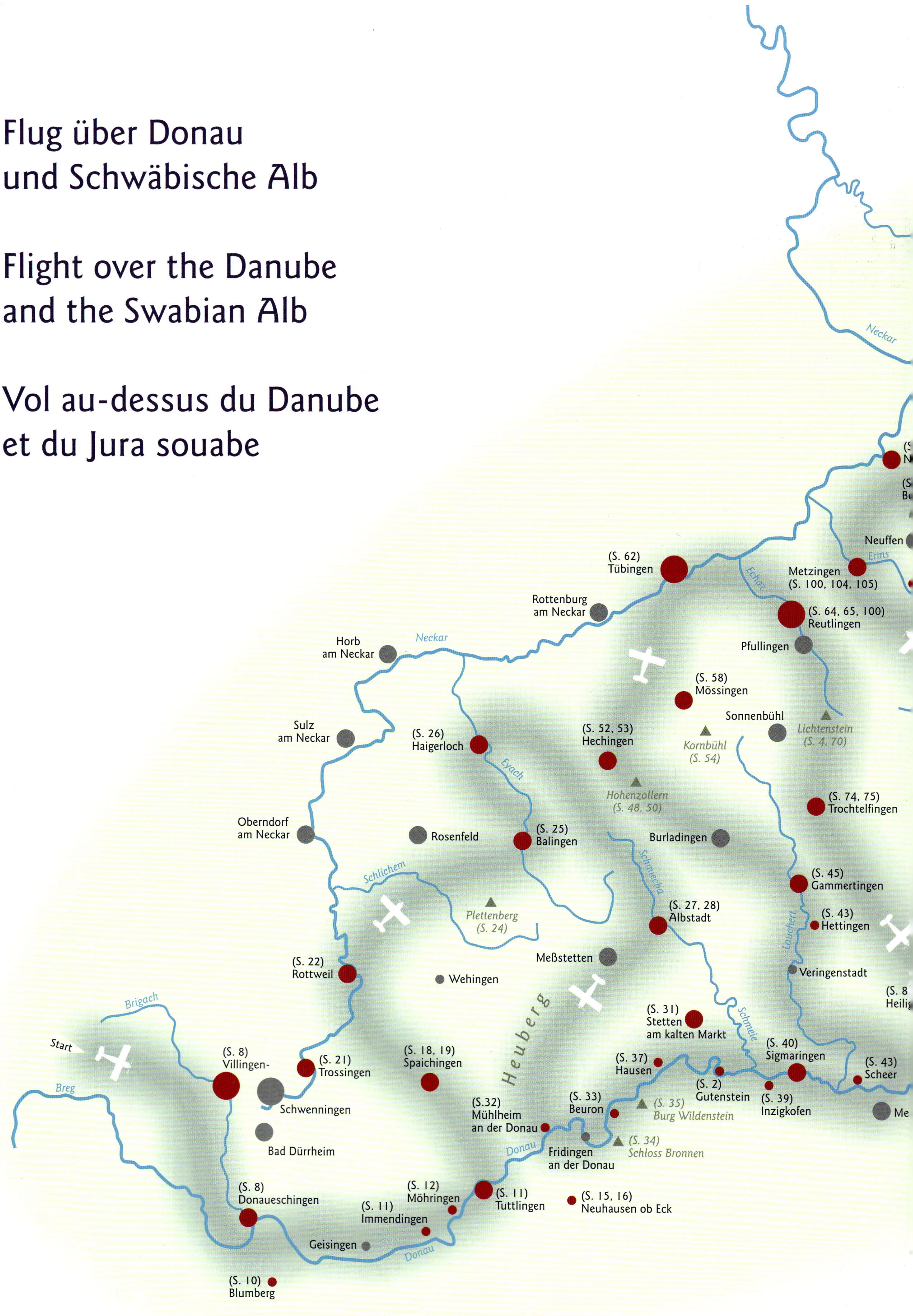